KB089580

기업과 개인을 위한 안내서

DEI
시작하기

기업과 개인을 위한 안내서

DEI 시작하기

| 다양성을 존중하는 조직문화로 함께 성장하기 |

정진호, 조이스박, 주수원, 최효석 지음

원앤온리

우리 아이들이 살아갈 사회의 미래를 엿보는 순간

우리는 자본주의를 살고 있습니다. 저는 자본주의 안에서 가장 중요한 구성원은 자본보다는 기업, NGO 등 다양한 조직이라고 생각합니다. 이러한 조직들은 우리 사회 속에서 자본과 노동을 고용해 사회에 필요한 제품과 서비스를 공급하는 매우 구체적인 운영체계이며 동시에 예술적 활동이기도 합니다. 그러한 자본주의가 변하고 있습니다. 이는 조직들이 변하고 있다는 의미이며, 그 조직들이 변하는 기저에는 사회문화를 반영하는 DEI가 있습니다. 조직을 구성하는 구성원에게 DEI가 수용되고 적용되고 있는 모습이 결국 우리 자본주의 사회의 모습을 결정하게 됩니다.

『DEI 시작하기: 다양성을 존중하는 조직문화로 함께 성장하기』를 통해 DEI를 체계적으로 이해하고 더 나은 조직문화를 만들어가려는 시도는 결국 아이들이 사회활동에 참여하게 되는 공동체 문화를 만들어가는 것과 다르지 않습니다. 부디 많은 기업인과 경영자들이 이 책을 통해 더 나은 조직문화를 만드는 여정을 구성원들과 함께하길 바라봅니다.

- 김정빈, 수퍼빈 대표

DEI는 ESG경영의 핵심주제 중 하나입니다. DEI 우수기업이 재무성과도 우수하다는 실증적 연구결과 때문입니다. 과거 일사불란한 획일성이 중시되었던 제조업에서 4차 산업혁명 시대로 넘어오면서 DEI는 기업의 중요한 에셋(asset)이 되었습니다. 다양성에서 혁신이, 공정성에서 동기부여가, 포용성에서 실패를 두려워 하지 않는 도전의 맹아가 싹틀 수 있는 까닭입니다. 이제는 기업 가치 창출의 요소가 크게 바뀌었습니다. 해외에서는 DEI에 대한 연구도, 관련 서적들도 많이 나와 있지만 국내는 그렇지 못합니다. 그런 면에서 이 책은 매우 시의적절하며 우리나라 ESG경영의 지평을 확장시키는 역할을 할 것입니다. ESG는 물론이고 기업경쟁력 제고에 관심 있는 분들께 일독을 권합니다.

- 류영재, (주)서스틴베스트 Founder & CEO

위대한 팀의 특징은 화이부동(和而不同)이고, 찌질한 조직의 특징은 동이불화(同異不和)라고 공자가 정의했죠. 다양성과 포용성으로 조화를 이루는 화이부동은 탁월한 결과물을 내고, 창의적인 아이디어로 고객을 창조하고 높은 수익을 만듭니다. 고만고만한 동질적 부류를 모아놔 봐야 뛰어난 아이디어는 나오지 않습니다. 동물의 눈은 식물의 이질적인 세포를 받아들여 진화시킨 것처럼 이질적인 것들이 모여 창조적인 변화를 만듭니다.

이 책은 너무 재미있습니다. 옳은 이야기는 뻔한 이야기입니다. 이 책은 옳은 이야기가 아니라 이익이 되는 이야기입니다. 알면 변화가 시작됩니다. 왜냐하면 알면 다른 선택을 할 수 있기 때문입니다. 이 책은 변화를 선택하기 위한 안내서입니다. 다양성, 공정성, 포용성은 정치적으로 옳아서 선택하는 것이 아니라 이익이 되기 때문에 선택해야 합니다. DEI는 내 인생과 우리 조직을 풍요롭게 만들기 때문에 선택하는 겁니다. 이 책은 내 인생을 재미있고 풍부하게, 그리고 행복하게 만드는 다양성, 공정성, 포용성의 세계로 안내하는 책입니다.
– 이강백, 아시아공정무역네트워크 대표

한국에서 근무하는 미국인으로서 『DEI 시작하기』가 모든 기업의 책장에 놓여 있기를 바랍니다. 글로벌 인재를 고용하고 있는 기업 HR이나 한국의 회사에 근무하고 있는 외국인 근로자라면 이 책을 리더들에게 꼭 소개해주세요.
더욱 글로벌화되어가는 대한민국에서 우리는 어떤 태도로 다양성을 포용하고 일을 해야 하는지를 이론으로 소개하는 것뿐만 아니라 당장 DEI를 실천하고 응용할 수 있게 현실적인 예시와 충분한 워크시트를 포함하고 있는 완전한 가이드입니다.
– Neda Shenavai, 전 (주)7일 해외사업 개발 & 마케팅

각자 '다양'한 경험을 가진 사람들이 뜻을 모아, '평등'한 입장에서, 서로 '포용'하는 마음으로 쓴 귀중한 책이다. 저자들과의 인연은 ESG 스터디로부터 시작되었다. 각자 업무를 마친 후 야밤에 모여 순수 스터디 모임을 만들어 꾸준히 ESG에 대해 공부하고, 연구했었다. 그 노력의 결실을 맺은 것 같아 함께 기쁨을 나누며 온 마음을 다해 축하드린다.

DEI에 대한 기본을 알려주며, 기업의 DEI 실천과 경영에 인사이트를 제공해줄 수 있는 책이 나왔다. 인구소멸로 인한 외국인 유입으로 다문화 사회로 접어드는 시점임에도 불구하고 우리는 DEI에 대한 대비가 부족하다. 단일민족 국가로서 다양한 문화를 경험하지 못하고 지내왔기 때문에 앞으로 기업경영과 조직문화 변화에 어려움이 예상된다. 유교사상에 입각하여 다소 보수적인 편향을 갖고 있는 기업과 조직의 현실을 조금이나마 바꾸게 할 키워드는 'DEI'이다. 학문의 동반자들께서 ESG의 큰 축인 'S'에 중요성을 가진 DEI 책을 집필하여 더 의미가 있다. 이제 E(환경) 다음은 S(사회)와 G(거버넌스)가 될 것이다. 진정한 지속가능한 발전 목표 달성에 도움이 될 수 있는 귀중한 책으로 사료되며, 다음 후속 편에서는 실제 DEI 성과지표 관리를 통한 실무 및 현장 사례를 검증한 결과들로 그 성과를 볼 수 있기를 기대해본다.

– 윤영혜, 동덕여자대학교 글로벌MICE전공 교수·카이스트 ESG리더스클럽 학술이사

DEI, 인간의 다양성이라는 당연한 명제를 받아들이기

(우선 오래전부터 유럽에 있는 본사에서 이사회 때마다 핵심주제로 논의되는 DEI를 한국에서도 소개할 수 있는 책이 나오게 된 것이 반갑다.)

(유럽은 색깔이 분명한 다양한 나라들의 연합이기 때문에 '다양성(Diversity)'이라는 것을 기본으로 하지 않으면 서로 의사소통하기조차 어렵다. 또한 다양한 인종이 함께하는 미국에서는 '공정성(Equity)'

을 중요시하지 않으면 차별에 반대하는 수많은 시위를 감당해야만 한다. 다양성과 공정성을 실행할 때 근간이 되어야 할 행위적 덕목이 '포용성(Inclusion)'이다.)

우리나라는 그동안 강력한 조직문화로 경제적 발전을 빠르게 이루어 왔다. 국가가 우선이었고, 사회가 우선이었고, 조직이 우선이었다. 선공후사, 일사불란 같은 분위기가 대세였고, 이를 따르지 않으면 사회에 적응하지 못하는 사람 취급을 당하기 일쑤였다.

하지만 이제는 조직이 개인에게 적응을 해야 하는 시대가 되었다. 행복한 기업과 견고한 조직문화는 결국 직원이 마음 편하게 일할 수 있는 곳이어야 하기 때문이다. 그 핵심은 개인을 존중하는 것이다.

예전에는 한배를 탔다는 표현이 힘이 있어 보였다. 똑같은 노를 가지고, 똑같은 호흡에 맞춰 똑같은 힘을 써야 했지만, 이제는 자기에게 맞는 다양한 수단으로 목표를 향해 갈 수 있게 해야 한다. 즉 한 사람 한 사람의 페이스(Pace)를 찾아주는 것. 그리고 극대화된 개개인의 에너지로 조직을 강하게 만드는 것이 DEI의 핵심이며, 예측 불가능한 다변화 사회, 그리고 책에서 말하는 서로 치밀하게 연결돼 있는 초연결의 시대에서 살아남을 수 있는 방법이기도 하다.

이 책에서는 젠더, 나이, 장애, 종교, 성정체성이 다른 조직의 구성원을 존중하고 조직적으로 수용해서, DEI를 조직 내에 뿌리내리게 하는 방법까지 친절히 안내해주고 있다. 성장과 행복이라는 두 가지 열매를 함께 맛보는 조직이 되기 위해 DEI는 복잡한 길이 아닌, 첩경이다.

– 이준모, 컨선월드와이드 한국대표

한국 여성들의 경제활동참가율은 아직도 50% 중반에 머물고 있으며 기혼 여성 5명 중 1명은 경력이 단절되어 노동권을 침해받고 있다. 이는 한국 사회가 여전히 여성들에게 비우호적·비포용적인 환경임을 보여주는 것이며, 그 결과 우리는 초유의 저출생 사회를 맞이하고 있다. 전 세계적으로 중요한 화두인 DEI를 한국 사회가 시급한 의제로 받아들여야 하는 이유가 여기에 있다.

다양성의 여러 차원 중에서도 젠더 다양성은 우수한 여성 인재를 가지고 있는 한국 사회가 가장 수용성 높게 실천할 수 있고, 나아가 다른 차원의 다양성까지 확대하는 지렛대 역할을 할 수 있는 영역이다. 이 책은 젠더 다양성이 사회정의와 어떻게 연결되는지, 모두가 환대받는 포용적 문화는 어떻게 만들 수 있는지 구체적 실행 방법을 알려준다. 이 책을 통해 젊은 세대에게 희망을 주는 DEI 조직이 많아지길 기대한다.

– 민무숙, 전 양성평등교육진흥원 원장

이 책은 초연결 시대를 살아가는 기업에게 DEI(다양성, 공정성, 포용성) 경영과 실천 방법을 제시합니다. 미국 경제 전문지《포춘》이 선정한 500대 기업의 80%가 핵심가치로 삼을 만큼 DEI 문화 조성과 실천은 거스를 수 없는 시대 흐름입니다. 탁월한 통찰력으로 기업의 DEI 조직문화 도입과 윤리경영 성공 해법을 전해준 저자에게 고마움을 전합니다. 이 책이 여러분과 기업 모두의 삶의 질 향상에 작은 마중물이 되길 바랍니다.

– 최정환, 꿈꾸는가게경영연구소 대표

제가 하는 나눔교육에서도 다양성, 공정성, 포용성이 중요합니다. 나눔은 나에 대한 관심에서 시작해 나를 인정하고 나에게 나누면서 시작합니다. 나의 다양성을 인정한 후 상대방에 대한 관심으로 확장되기 때문입니다. 그래야 상대방의 다양성도 인정할 수 있기 때문입니다. 또한 나눔은 일방적으로 주는 행위가 아닌 쌍방향 소통의 행위이기 때문입니다. 즉 나눔은 DEI처럼 나와 다른 사람들에 대해 관심을 가지고 소통을 하며 소수자성을 인정하고 포용해나갈 수 있어야 합니다.

이 책에서는 기업을 중심으로 이러한 가치를 얘기하고 있지만 우리의 일상생활에서도 더욱 필요한 가치들입니다. 마찬가지로 기업에서 나눔 정신이 풍부해질 때 더 좋은 조직문화를 가질 수 있을 거라 생각합니다. 아무쪼록 이 책을 통해 우리 사회가 더욱 타인과 공존할 수 있는 사회로 나아갈 수 있길 바랍니다.

- 전성실, 나누다연구소 대표

머리말

　우리는 초연결(hyper-connected)의 시대에 살고 있습니다. 이런 사회에 사는 것이 어떤지 실감을 하려면 수십 년 전의 삶을 한번 상상해보면 됩니다.

　60년 전 한국의 읍보다도 작은 리 단위의 어느 산골 마을에 사는 사람의 삶을 상상해보죠. 사는 마을은 집성촌이라 성씨와 유전자를 공유하는 동질한(homogenous) 집단의 사람들이 많아야 200~300명, 수십 년 동안 5일에 한 번 장터에 나가 만나는 사람들 또한 많아야 200~300명. 그렇게 해서 평생 만나는 사람의 수가 500명 정도인 삶, 나와 생김새도 같고, 유전자도 많이 공유하고, 언어도 같고, 종교도 같은 수백 명과 수십 년을 함께하는 삶은 어떠했을까요? 반면에 이제 우리는 교통의 발달로 하루 반 정도면 가장 멀리 떨어진 지구 반대편까지 날아갈 수 있을 뿐 아니라, 소셜미디어의 발달로 평범한 사람도 적게는 몇천에서 몇만, 수십 만의 팔로워와 연결되는 세상에 살고 있습니다.

수십만 명의 다른 사람들이 인터넷이라는 가상공간에서 아무리 얕은 연결이라지만 연결된 시대에, 나와 다른 이 수많은 사람은 생김새도, 언어도, 사고방식도, 문화도 다 다르겠지요. 어쩌면 갈등이 일어나는 게 당연한 상황이라고 할 수 있습니다. 실제 이 갈등은 그저 말을 주고받는 데에서 그치지 않고 현실에서 폭력으로 마무리되기도 합니다.

이런 초연결 시대에 나와 동질성을 가진 사람들만 살아남아야 한다고 생각한다면, 최소 수만 년 쌓아온 인간의 문명은 퇴보할 수밖에 없습니다. 인간의 유전자만 생각을 해도 이건 자명합니다. '한 민족, 한 핏줄'이라는 구호는 신화에 불과하니까요. 인간의 유전자만 이런 게 아닙니다. 인간의 문화도, 문명도 다른 요소들이 들어와야 발전할 수 있습니다. 현대와 달리 과거에는 전쟁조차 주변국들이 문명의 중심국들로부터 문명의 여러 요소를 강제적으로라도 받아오는 수단이었으니까요. 과거의 전쟁이 주로 주변국들이 중심으로 침입해 들어가던 형태였던 이유가 여기에 있습니다. 다른 것들을 받아들일 때 인간 집단은 발전합니다.

이제 우리 중 많은 이들은 기업이라는 조직의 일부로 세상을 살아갑니다. 내가 속한 조직은 내 국적을 넘어서서 여러 나라와 여러 대륙에 걸쳐 있는 경우도 많고, 내 나라에 기반을 둔 기업이라고 해도 국경을 넘어서 활동하는 경우가 대부분입니다. 이러한 조직들일수록 각각 다른 수많은 구성원을 어떤 가치로 소속감을 구축하는가 하는 일이 중요한 이슈가 됩니다.

국적과 인종과 언어와 종교가 다 다른 구성원들, 혹은 국적과 인종과 종교가 다른 시장들을 바라보며 일하고 있습니다. 이전에는 성평등이나 인종 간의 평등과 같은 가치가 정치적으로 옳은(politically correct) 일이니까 구현해야 한다고들 많이 생각했습니다. 물론 여전히 유효한 말이기는 하지만, 이 가치관만으로는 영리를 주된 목적으로 만들어진 민간 기업들이 변화하게 만들 수는 없습니다.

하지만 위에서 인간의 유전자 집단과 문명의 인풋이 어떤 역할을 했는지 잘 보여주는 것처럼, 기업과 같은 조직도 다른 인풋들을 받아들일 때 수익성이 향상되는 기반이 만들어집니다. 다양성이 중요한 이유가 바로 기업의 수익성과 유의미한 상관관계가 있기 때문이라는 연구보고서는 몇 년 전부터 쏟아져 나오고 있습니다. 인간 개인이 가진 창의력과 역량은 절대로 팀이 발휘하는 창의력과 역량을 따라갈 수 없고, 동질적인(homogenous) 팀보다는 다양한 개인들로 구성된 팀이 훨씬 더 큰 창의력과 역량을 발휘하기 때문입니다.

이미 서구권에서는 다양성 논의가 활발하게 진행되고, 정책과 제도로 실현되고 있습니다. 단적으로 말하면, 다양성, 공정성, 포용성, 즉 DEI(Diversity, Equity, Inclusion)가 직접적으로, 그리고 단기적으로 기업의 성공으로 연결되는 것은 아니지만, 성공한 기업치고 DEI를 구현하지 않은 기업은 없습니다. 기업의 지속가능한 경영을 두고 볼 때, ESG(환경, 사회, 지배구조)의 확장선상에 이 DEI가 있다고 할 수 있습니다.

이제 한국에서도 CDO(Chief Diversity Officer, 최고 다양성 책임자) 혹은 CDEIO(Chief Diversity Equity Inclusion Officer, 최

고 DEI 책임자)들이 생겨나고 있고, 서구권 다국적 기업의 한국지사에 이 포지션들이 이미 있습니다. 이미 삼성과 같은 한국 대기업들도 관련 제도와 정책을 실행하고 있습니다.

인류가 발전해온 커다란 흐름은 유유히 흐르고 있습니다. 이 흐름을 거스르는 반동의 움직임은 크고 작게 늘 있었지만, 두 걸음 나아갔다가 한 걸음 뒤로 갔다 다시 앞으로 한 걸음을 떼는 방식이었어도 계속 뒷걸음질을 친 적은 없습니다. 지금은 다양성, 공정성, 포용성의 시대이고, DEI가 인류를 끌고 가는 흐름입니다.

이 책이 DEI에 대한 인식을 한국 사회와 여러 기업에 퍼뜨리고 제고하는 데 의미 있는 역할을 하게 되기를 바랍니다. 끝으로, 이 책을 집필하기 위한 DEI 스터디에 선뜻 조언과 협조를 해주신 사회적 기업 수퍼빈에 깊은 감사를 보냅니다.

2024년 1월
저자를 대표해서,
조이스박

차례

제1장 DEI 시대가 왔다

제2장 DEI의 핵심개념

제3장 DEI와 조직문화

제4장 우리 조직에 DEI를 도입하기

DEI 시대가 왔다

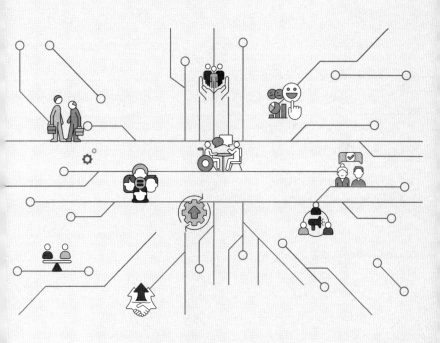

1.

DEI란 무엇인가?

　DEI는 서로 밀접하게 연결된 3개의 가치, 즉 다양성(Diversity), 공정성(Equity), 포용성(Inclusion)의 약어이다. 먼저 다양성은 사람 간 관계와 상호작용에 영향을 미치는 실재하거나 인식된 차이로서 인구학적 다양성뿐 아니라 모든 측면을 포괄한다.[1] 구체적으로는 성별, 장애, 연령, 성적 지향, 종교, 학력 등이 있다. DEI를 준수한다는 것은 무엇보다 다양성의 가치를 지키는 것을 말한다. 조직 내에서나 사회에서 다양한 배경과 경험이 존중되어야 한다.

　그런데 다양성 안에는 소수자성이 있다. 그래서 공정성을 통해 소수자들이 성장하고 기여하며 발전할 수 있는 기회를 가질 수 있도록 해나가야 한다. 이를 위해 일부 집단이 사회나 특정 직업 및 산업에 완전히 참여하는 것을 방해하는 장벽을 식별하고 제거해간다. 이를 통해 최종적으로 구성원들이 소속감을 느낄 수 있는 포용성이 달성될 수 있다. 다양성이 현상이고 공정성이 방법이라면, 포용성은 결과라고 할 수 있다.

이러한 DEI는 아직 많은 이들에게는 낯선 개념일 수 있다. 하지만 미국과 유럽 등에서는 중요한 경영철학이자 지침이 되고 있다. 많은 기업이 '최고 DEI 책임자'를 뜻하는 CDEIO(Chief Diversity Equity Inclusion Officer)를 두고 있다. 미국 경제지 《포춘》이 선정한 500대 기업 가운데 200개 이상의 기업이 현재 DEI 제도를 운용하고 있다.[2] 전 세계 기업들은 2026년까지 DEI 관련 노력에 154억 달러(약 21조 원) 이상을 지출할 것으로 예상된다. 2020년의 75억 달러(약 10조 원)에 비해 6년 만에 무려 두 배가 증가한 것이다.[3]

또한 세계의 유수 기업들은 DEI 보고서를 발간하고 있다. IBM은 2020년부터 직장 내 DEI 사례와 통계 등을 보고하고 있으며, 자사 홈페이지에 관련 이슈 및 소식을 지속적으로 게재하고 있다. 온라인 동영상 서비스(OTT) 플랫폼 넷플릭스(Netflix)는 2021년 엔터테인먼트 업계 최초로 자사 콘텐츠 306건(2018~2019년)을 분석한 다양성 보고서를 발표하기도 했다.[4] 스타벅스의 경우 DEI를 위해 2025년까지 직원의 30%를 흑인·원주민·유색인종으로 구성한다는 목표를 세우고 이를 달성하는 임원에게 보상하는 제도를 도입했다.[5]

우리나라에서도 최근 들어 DEI에 대한 관심이 증대하고 있다. 신한금융그룹은 2021년 '다양성과 포용, 신한금융그룹의 약속'이라는 추진 원칙을 제정해 다양성 보고서를 발간했다.[6]

배달의민족 운영사 우아한형제들에서는 팀 차원에서 DEI를 도입하고 있다. 우아한형제들 상품시스템팀에서 포용적인 팀 문화를 위해 실시하고 있는 규칙 중 한 가지는 '똑같은 질문을 100번 하면 100번이라도 대답해주겠어요'이다. 반복되는 같은 질문에 신경질적인 반응을 보이는 것을 경계하여 마음 편히 질문할 수 있는 분위기를 만들기 위함이다.[7]

삼성전자의 경우 여성 임원, 여성 마케터, 여성 엔지니어 수를 지표로 공유하고 여성 임직원의 자발적 모임을 육성하며 다양성 교육을 실시하고 있다. 교보생명 역시 남성과 여성 직원 모두 '다양성'이라는 가치 아래 동등하게 일할 수 있도록 여성 인재의 역량 개발을 지원하는 멘토링 프로그램을 운영하고 있다. 여성 임직원들이 성장·발전할 수 있도록 부장 혹은 차장급의 상사가 멘토로서 축적한 경험과 지식을 멘티인 후배(과장 이하 여성 사원)에게 공유하고 코칭하는 멘토링 제도이다.

구글코리아의 경우 성소수자 친화적 직장을 만들기 위한 다양성 가이드라인 책자를 제작하여 공유하고 있다. 또한 차별 없는 입사 지원서의 예시로 교육과 경력 사항 외에 성별, 학력, 가족 사항, 혼인 여부 등 불필요한 개인 정보를 요구하지 않고 있다.[8]

오비맥주는 다양한 구성원 모두가 존중받는 기업문화를 확산하기 위해 한 달간 '2023 다양성(Diversity), 형평성(Equity), 포용성(Inclusion)의 달'을 개최했다. 이를 통해 DEI 명사 특강, DEI 고민상담소, 하모니 캔버스 등 DEI의 가치를 체험할 수 있는 프로그램들을 시행했다.[9]

LG에너지솔루션은 지속가능경영을 위해 DEI 정책을 시행하며 2022년 초 조직문화 6대 과제(핵심업무에 집중하는 보고·회의 문화, 성과에만 집중하는 자율근무 문화, 님 호칭을 통한 수평 문화, 감사와 칭찬이 넘치는 긍정 문화, 건강·심리를 돌보는 즐거운

직장 문화, 이웃에게 사랑을 전하는 나눔 문화)를 발표한 뒤 지속
적으로 이를 운영하고 있다.[10]

2.

왜 DEI가 중요해지고 있나?

1) 다양성은 경쟁력의 원천

글로벌 기업에서 DEI를 중요하게 생각하는 이유는 무엇일까? 애플의 최고경영자(CEO) 팀 쿡(Tim Cook)은 여성과 유색인종 고용의 필요성을 주장하며 다음과 같이 이야기했다.[11]

"다양하게 구성된 그룹이 최고의 제품을 만들어냅니다. 우리가 사람들의 삶을 풍요롭게 하는 제품을 만들기 위해서는 다양성을 위해 엄청난 노력을 해야 합니다."

팀 쿡의 말대로 다양성은 경쟁력의 원천이다. 한국의

문화적 위상을 드높인 K팝 역시 그러하다. 아이돌 그룹은 랩, 보컬, 댄스 등 각기 잘하는 파트를 나누고 조합해 경쟁력을 극대화한다. 각기 다른 색깔을 지닌 멤버들로 인해 보다 다양한 팬들이 생기며 인기 저변이 넓어진다.

뇌과학자 정재승은 과학적 실험을 통해 창의적인 아이디어가 나오는 원리를 이야기해준다.[12] 창의적인 아이디어가 만들어지는 순간의 뇌 특징을 살펴보니 평소 신경 신호를 주고받지 않던 굉장히 멀리 떨어져 있는 뇌의 영역들이 서로 신호를 주고받을 때였다. 창의성이란 무에서 유를 창조하는 경우도 있지만 기존에 각각 분리되어 존재했던 것들을 연결시키면서 생겨난다. 예를 들어 지금은 보편화된 영상통화는 1985년 영화 〈백 투 더 퓨처 2〉에서 2015년 미래를 그리며 등장한다. 커다란 TV 화면을 통해 전화하는 직장 상사의 얼굴이 나온다. TV와 전화기를 연결한 재미난 과학적 상상을 보고 자라난 세대가 이를 실제 기술로 구현하며 현실이 되었다. 창의성은 이처럼 다른 분야와의 이종교배(cross-pollination)에서 발생한다. 그렇기에 정재승 교수는 서로 다른 배경을 가진 이들과 교류해야 한다고 주장한다.

기업에서도 다양성이 확보되어야 새로운 아이디어가

나오며 혁신이 지속될 수 있다. 어떤 문제를 해결하기 위해 서로 다른 정보, 서로 다른 의견, 서로 다른 관점이 필요하기 때문이다. 서로 다른 사람들은 고유한 정보와 경험을 가지고 있다. 나와 다른 사람으로부터 반대되는 관점, 다른 의견을 들을 때 나와 닮은 사람으로부터 들을 때보다 더 많은 생각을 불러일으킨다.

다양성 문제 전문가인 루스벨트 토머스 주니어(R. Roosevelt Thomas Jr.)는 『다양성을 추구하는 조직이 강하다(Building a House for Diversity)』[13]라는 책에서 다양성을 인정하는 능력이야말로 현대 직장인에게 가장 필요한 덕목임을 강조한다. 기업의 최고경영자 한 사람이 모든 결정권을 가지고 조직을 진두지휘하던 시절에는 조직이 제시하는 규격에 맞는 사람이 유능하다고 평가받았다. 그러나 창조적인 조직이 중요해지는 이 시대에는 조직원의 다양성을 인정하고, 상대와 나의 차이점을 인정해야 한다고 말한다.

시카고 불스가 NBA에서 6번이나 우승을 했던 원동력에는 다양성을 추구했던 감독 필 잭슨이 있었다.[14] 1984년 마이클 조던이 입단하며 주목을 받았지만 1988년 필 잭슨이 불스에 합류했을 때만 해도 팀은 저력은 있었지만 성적은 좋지 못했다. 팀의 가장 큰 문제는 마이클 조던이라는 한 명의 슈퍼스타와 그 외의 개성이 강한 다른 선수들로 구성되어 있다는 것이었다. 이런 팀은 집단적 잠재력을 발휘할 수 없다고 판단한 잭슨은 모든 사람의 역할을 재정의하는 데 초점을 맞추었다. 그는 슈퍼스타를 재정의하는 것부터 시작했다. 슈퍼스타란 승리하게 만드는 사람이 아니라 모든 선수의 경기 수준을 향상시키는 사람임을 강조했다. 그는 각기 다른 역량을 가진 선수들이 팀의 일원으로서 동등할 수 있도록 요구했고, 모든 선수는 새로운 체계를 배워 경기 방법을 수정해야 했다. 이러한 변화는 하나의 팀으로 그들을 재결집시키는 원동력이 되었다. 그 결과 1991년 첫 우승을 시작으로 8년간 6번의 우승이라는 대업을 달성했다.

기업이 다양성을 존중하면 최고 인재를 영입할 수 있고, 직원에게 동기 부여와 만족감을 주기 수월하다. 또한 의사결정의 질이 높아지고 넓은 고객 풀을 분석하는 통찰력이 향상되며, 기업 이미지가 개선되어 글로벌 영업 범위를 넓힐 수 있다.

다양성과 기업 성과의 상관성을 다룬 경영 분야 연구들도 많다. 2020년 맥킨지 보고서 「다양성의 승리: 포용이 중요한 이유(Diversity wins: How inclusion matters)」[15]에 따르면, 성별이 다양한 경영진을 보유한 조직은 평균 이상의 수익성을 달성할 가능성이 25% 더 높은 것으로 나타났다. 여성 임원을 30% 이상 보유한 기업의 경우 여성 임원을 10% 보유한 기업에 비해 48%나 성과가 높았다. 또한 인종적·문화적으로 다양한 경영진을 보유한 조직은 평균 이상의 수익성을 달성할 가능성이 36% 더 높은 것으로 나타났다.

다양성이 가지는 경쟁력은 다른 연구에서도 동일한 결과로 나타난다. 보스턴컨설팅그룹이 2018년에 발표한 「다양한 리더십이 팀의 혁신을 촉진하는 방법(How Diverse Leadership Teams Boost Innovation)」[16]에서는 성별, 연령, 출신 국가, 경력 경로(Career path), 업계 배경 및 학력 등 경영진의 다양성과 3년 동안 출시된 신제품 및 서비스의 총수익 간의 관계를 조사해보았다. 그 결과 경영진의 다양성을 평균 이상으로 확보하고 있는 기업이 평균 이하인 곳보다 19% 수익이 높았다. 또한 다양한 배경을 가진 관리자의 비중이 2% 늘어날 때마다 수익이 1% 향상될 것이라고 보았다.

2) 구슬도 꿰어야 보배

하지만 다양성만으로는 부족하다. 《하버드비즈니스리뷰(*Harvard Business Review*)》에 실린 「포용성 없이는 다양성이 유지되지 않는다(Diversity doesn't stick without inclusion)」[17]라는 글에서는 이와 관련해 칠레에 본사를 둔 회사 사례가 나온다. 다양성에 문제가 없어 보이는 이 회사에서 일하는 페루 원주민 직원은 회사에서 자신의 미래를 보지 못한다고 털어놓았다.

"그들이 저를 소중히 여긴다는 것은 알지만, 저는 원주민이고 그들은 백인 스페인 사람입니다. 그들은 제 피부색과 배경 때문에 절 파트너로 삼지는 않을 것입니다."

다양성 그 자체로는 경쟁력이 될 수 없고, 포용적 문화가 뒷받침되어야 경쟁력으로 이어질 수 있다는 것을 잘 보여주는 일화이다.

우리말 속담처럼 '구슬도 꿰어야 보배'인 것이다. 우리는 종종 스포츠에서 스타플레이어들이 즐비한 팀이 전체 연봉 합계의 100분의 1도 안 되지만 조직력으로 똘똘 뭉친 팀에 지는 경우를 본다. 마찬가지로 아무리 유능한 직원들이 많아도 이들이 조직에 소속감을 느끼지 못하고 자신의 능력을 100% 발휘하지 못하고 있다면 그 조직은 성공할 수 없다.

조직 내에서 다양한 인재가 공정하게 대우받지 못하고 기회를 얻을 수 없다면 직원들의 만족도는 낮아질 수밖에 없다. 거꾸로 포용적인 조직의 성과는 향상되며, 이는 연구를 통해서도 증명되고 있다. 미국 인재혁신센터(Center for Talent Innovation, CTI)의 2019년 연구[18]에 따르면, 소속감을 느끼는 직원은 생산성, 의욕, 몰입도가 그렇지 못한 직원보다 3.5배 더 높았다. 국제노동기구(ILO)의 2019 글로벌 보고서[19]에 따르면, 포용적인 비즈니스 문화와 정책을 갖춘 기업은 혁신이 59% 증가하고 소비자의 관심과 수요에 대한 평가가 37% 향상되는 것으로 나타났다. 베터업(BetterUp)의 연구[20]에 따르면, 높은 소속감은 업무 성과를 56% 증가시키고 이직 위험을 50% 감소시키는 것으로 나타났다. 직원 수가 1만 명인 회사의 경우 이를 통해 연간 5,200만 달러 이상의 비용을 절감할 수 있었다.

그렇다고 해서 다시 차이를 모두 희석화시키는 '용광로(melting pot)'를 향해 나가는 것은 아니다. 이는 소속감은 높일 수 있지만 개인이 가지고 있는 고유한 특성은 낮

■ **고유성과 소속감의 관계**[21]

		소속감	
		낮다	높다
고유성	낮다	배제(Exclusion) 개인은 조직에서 고유한 가치를 지닌 내부자로 취급되지 않기에 소속감도 낮음	동화(Assimilation) 개인은 조직의 우세한 문화 규범을 따를 경우 내부자로 취급됨
	높다	분화(Differentitaion) 개인은 조직에서 내부자로 취급되지는 않지만 각자의 고유한 특성은 조직의 성공을 위해 가치 있고 필요한 것으로 간주됨	포용(Inclusion) 개인은 고유성을 인정받는 가운데 내부자로 취급됨

아지는 동화(同化)이다. DEI에서 지향하는 포용성은 고유성과 소속감 모두 높은 '샐러드용 접시(salad bowl)'이다. 다양한 채소들이 각자 고유한 맛을 잃지 않으면서도 잘 어우러진 것과 같이 다양성이 존재하는 포용성이다. 이러한 고유성과 소속감의 관계를 도표로 나타내면 위와 같다.

이런 점에서 미국과 유럽을 중심으로 경영에서 1980년대부터 시작된 '다양성 관리(Diversity Management)'는 2000년경부터 '다양성과 포용(Diversity and Inclusion, D&I)'으로 변화되었다.[22] 다양성만으로는 부족하며 포용성이 뒷받침되어야만 조직이 진정으로 성공할 수 있다는 인식의 변화 때문이었다. 포용성을 위해 개인과 조직은 네 가지 기본을 기억하면 된다.[23] 다양한 구성원들 모두 환영받아야 하고, 조직 내 공간이 안전하게 여겨져야 하며, 스스로가 가치 있다고 느껴지고, 무엇보다 존중받아야 한다. 이를 위해 기업은 적극적으로 차별과 편견에 대한 교육 및 캠페인을 하며 포용적인 문화를 만들어가야 한다.

이를 위해서는 포용적 리더십(Inclusive Leadership)도 중요하다. 이는 팀원을 소중히 여기고 다양한 관점을 수용할 수 있으며, 직원들이 자신이 회사에 기여하고 있다고 느낄 수 있도록 사내 분위기를 조성하는 리더십이다. 포용적 리더십은 직원들 스스로 그들이 누구인지, 어떻게 생각하고 느끼는지, 그리고 어떤 말과 행동을 보여야 하는지 등에 대해 생각하고 성장할 수 있도록 이끌어주기에 많은 기업에서 추구되고 있다.[24]

아직 우리에게는 낯선 개념이지만 글로벌 기업에서는 직원다양성모임(Employee Resource Groups, ERG)도 적극적으로 운영하고 있다. 이는 직원 공통의 관심사, 성별, 문화, 출신 지역 등 인구통계학적 요인뿐만 아니라 장애까지 각종 공통 요인을 중심으로 한 모임으로 조직에 대한 소속감을 높이는 데 기여하고 있다. 우리나라에서도 삼성[25]이 글로벌 기업으로서 미국, 유럽, 중남미, 서남아 등의 지역에서 여성, LGBTQ+, 인종, 일하는 부모, 재향군인 등 다양한 종류의 직원다양성모임을 운영하고 있다.

3) 기울어진 운동장을 바로잡을 규범

"오늘날 상호 연결되고 세계화된 세상에서는 서로 다른 세계관, 종교, 인종을 가진 사람들이 함께 사는 것이 흔한 일입니다. 그러므로 우리가 상호 수용과 존중의 정신으로 서로 협력할 수 있는 방법을 찾는 것이 매우 시급한 문제입니다."[26]

14대 달라이 라마의 말이다. 나와 다르다고 해서 틀린 것은 아니다. 다름에 대한 인정과 존중이 무엇보다 중요한 시대이다. DEI가 미국에서 가장 활발히 논의되었던 것도 세계의 다양한 인종이 같이 살며 인종 갈등을 겪고 있기 때문이었다. 1964년 미국에서는 15인 이상을 고용한 고용주가 인종, 피부색, 종교, 성별, 출신 국가를 이유로 고용, 해고, 승진, 직무훈련, 취업 조건이나 혜택 등에서 피고용인을 차별하는 것을 불법으로 규정했다. 법에 따라 미국 고용기회균등위원회(Equal Employment Opportunity Committee, EEOC)도 생겨났다.

이처럼 민주주의 시대에 대다수 국가에서는 자유와 평등의 원칙에 따라 인권이 향상돼가고 있다. 그럼에도 여전히 나라별로 속도가 다르다. 사우디아라비아의 경우 2015년에서야 여성 참정권이 보장되었다. 여성이 운전할 자유도 2018년에서야 생겼다.

형식적인 평등이 이루어졌다고 해도 여전히 소수자가 겪는 차별은 여러 곳에 존재한다. 이런 의미에서 기업에서의 DEI는 경제적 참정권 보장 운동이라고 할 수 있다. 변화는 조직 내에서 자연스럽게 이뤄지기도 하지만, 앞의 미국 사례처럼 법과 제도의 강제로 인해 이루어지기도 한다.

새로운 변화에 따라가지 못하는 기업은 그만큼 경제적 대가를 치른다. 모건스탠리에서 중견 간부로 잘나가던 앨리슨 시플린은 자신이 여성이란 이유로 승진 기회를 박탈당했다며 1998년 미국 고용기회균등위원회에 불만서를 제출했다. 회사와 다툼을 하던 중 2000년경 회사는 그녀를 해고했다. 당시 그녀의 연봉은 보너스를 합쳐 135만 달러였다. 위원회는 이듬해인 2001년 모건스탠리 사를 상대로 마침내 성차별 집단소송을 제기했다. 위원회는 소장에서 모건스탠리 사가 시플린뿐만 아니라 전·현직 여성 340명에 대해 어떤 식으로 승진과 급여 인상 기회를 누락시켰는지를 소상히 밝혔다. 모건스탠리 측은 여성 직원을 차별 대우한 적이 없으며, 승진은 어디까지나 직원의 능력에 근거할 뿐이라며 원고 측 주장을 부인했다. 하지만 여러 증언으로 모건스탠리 사의 패색이 짙은 상황이 되자 결국 원고 측과 합의를 하게 된다. 이 결과 340명의 전·현직 여성 직원에게 모두 5,400만 달러를 물어주게 되었다.[27]

이는 외국의 일만은 아니다. 우리나라도 남녀고용평등법에 따라 모집과 채용(제7조)뿐만 아니라 직원의 교육·배치 및 승진에서 성차별을 금지하고 있다(제10조). 2023년 10월 육아휴직을 사용했다는 이유로 승진에서 차별한 회사의 사업주한테 남녀 차별을 시정하라는 중앙노동위원회의 명령이 나왔다. 고용상 성차별 시정제도 도입 1년 5개월 만에 나온 첫 판단이다.[28]

이런 점에서 리스크 관리를 잘하는 글로벌 기업에서는 앞의 '다양성과 포용(Diversity and Inclusion, D&I)'에 더해

2010년대부터 공정성(Equity)을 덧붙였다. 모두에게 공정한 환경을 만들기 위해 과정과 정책에 체계적 변화가 필요하다는 인식 때문이었다. 2020년 말에는 대부분의 기업에서 다양성, 공정성, 포용성을 합쳐 DEI라 부르게 되었다.[29]

기업은 모든 직원에게 성과와 능력에 기반한 승진과 승진 기회를 공정하게 제공함으로써 직원들이 더 높은 몰입도와 열정으로 일할 수 있게 해야 한다. 글로벌 기업들은 다수집단 인력과 소수집단 인력 간 불공정성은 없는지 지속적으로 모니터링한다. 직급의 차이, 근속의 차이, 업무의 차이, 경력의 차이 등 여러 다른 잠재 요인들의 영향을 통제하고서도 보상과 승진에서 차이가 있는지, 있다면 어느 정도 심각한지 분석하고, 이를 지속가능경영보고서에서 공개하고 있다.

공정성에서 장애인 고용도 중요한 이슈이다. 우리나라는 장애인의 경제활동을 지원하기 위해 1991년부터 장애인 의무고용제를 실시하고 있다. 이는 기업과 공공기관이 반드시 장애인을 고용하도록 규정한 제도이다. 장애인 고용촉진 및 직업재활법상 상시근로자 50명 이상인 민간기업은 전체 직원 중 3.1%를, 공공기관은 3.6%를 장애인 직원으로 구성해야 한다. 이러한 의무고용률을 미달할 경우 벌금 형식의 '장애인 고용부담금'이 부과된다. 그렇지만 여전히 장애인 고용은 잘 이뤄지지 않고 있다. 2021년 기준 1,000인 이상 대기업의 장애인 고용의무 미이행률은 67.9%에 달하고 있다. 대기업 10곳 중 7곳은 장애인 고용의무를 지키지 않고 벌금을 내고 있는 것이다.[30] 장애인을 고용하더라도 장애인이 비장애인과 동일하게 일할 수 있는 환경을 조성한 곳은 많지 않다.

인종도 우리 사회에 점점 중요한 이슈가 되고 있다. 우리나라는 다문화 사회이다. 전체 혼인 중 다문화 혼인의 비중은 7.2%이며, 다문화 출생의 비중은 5.5%이다.[31] 외국인 노동자는 공식 통계로만 84만 명이 넘고 불법체류 외국인까지 합하면 120만 명이 넘는 것으로 추산된다.[32] 여성가족부의 「2018년 전국다문화가족실태조사 연구」[33]에 따르면, 바로 직장에서 외국인이라는 이유로 차별받은 적이 있다고 응답한 비율은 무려 76.9%에 달했다.

한 한국 회사의 해외마케팅부서에 취업한 알제리 출신 여성의 사례[34]를 보자. 그녀는 박사 학위를 취득했고, 아랍어를 비롯해 영어, 프랑스어, 한국어도 중급 수준까지 구사할 수 있는 인재이다. 그런 그녀에게 회식 문화는 힘든 일이었다. 종교로 인해 돼지고기를 먹을 수 없고 남성이 많은 곳에서 늦게까지 술자리를 갖는 게 부담스러울 수밖에 없었다. 그녀는 이런 어려움을 직장 상사에게 말했지만, "한국에 왔으면 한국 문화를 받아들여야 하고, 회사에 왔으면 회사 문화에 적응해야 한다. 내가 어떻게 널 가르치고, 믿고 일할 수 있겠냐"며 도리어 핀잔만 받았다. 또한 문화적 오해도 생겼다. 상사 앞에서 팔짱을 낀 것이 빌미였는데, 한국 사회에선 예의가 없어 보이는 행동이지만 그녀의 나라에선 윗사람에 존경을 표하는 자세였던 것이다. 그는 이에 대해 해명했으나, 상사는 전혀 헤아려주지 않았다. 그렇게 그녀는 말이 안 통하고, 문제가 많고, 대드는 사람이 되었다. 이후 직장 상사가 그녀에게 남들에게 시키지 않는 일뿐만 아니라, 명함의 전화번호나 이메일을 자신의 정보가 적힌 명함을 사용토록 하는 등 부당한 괴롭힘을 당했다. 참다못해 인사팀에 말하면 "커피 한 잔 사주면서 좋게좋게 얘기해봐라. 네가 부하니까 공손하게 얘기를 해라"라는 식의 납득할 수 없는 답변만 돌아왔다. 결국 직장 상사와의 관계가 악화되었고, 회사는 그녀에게 사직서를 내밀었다. 사실상 내쫓은 것이나 다름없었다.

따라서 공정성에서 중요한 점 중 하나는 '기울어진 운동장'에 대한 인식이다. 여성, 장애인, 이민자 등 사회적 소수자는 채용, 교육, 승진 등에 있어 상대적 불이익을 안고 출발한다. 이들을 무조건 특별 대우하자는 것은 아니다. 공정한 경쟁의 장을 마련하자는 것이다. 이와 관련해 마이크로소프트의 채용정책 예를 들어보겠다. 자폐 스펙트럼 장애가 있는 지원자를 위해 면접을 5일간 진행한다. 지원자를 알아가며 팀워크를 쌓고, 3일 차에는 모의면접을 통해 지원자에게 피드백을 준다. 또한 채용 후에도 3개월 동안 지역사회 멘토와 직업 코치를 연결해주며 필요할 경우 기간을 연장할 수 있도록 하고 있다.[35]

　드라마 〈이상한 변호사 우영우〉에서는 서울대를 수석으로 졸업하고 로스쿨 시험에서 만점에 가까운 성적을 받았지만 어느 로펌에서도 환영받지 못하는 자폐 스펙트럼 장애가 있는 우영우가 나온다. 그녀는 로펌에서 일할 기회를 부여받고 상사와 동료들의 지원을 받으며 자신의 남다른 능력을 발휘한다. 우영우만큼 자폐 스펙트럼 장애에도 불구하고 비장애인보다 남다른 능력을 발휘하는 경우는 흔치 않다. 하지만 채용, 교육, 승진에서 그들의 상황에 맞는 환경을 조성한다면 일정한 능력을 발휘할 수 있는 것도 사실이다.

4) DEI는 확장되고 있다

DEI는 ESG와 결합되며 더욱 확장되고 있다. ESG는 기업의 비재무적 요소인 환경(Environment), 사회(Social), 지배구조(Governance)를 뜻하는 것으로, 기업이 친환경 및 사회적 책임경영과 투명경영을 통해 지속가능한 발전을 추구하는 것이다. 이 중 'S', 즉 사회적 요소에서 기업의 이해관계자에 대한 책임이 강조됨에 따라 기업의 인권존중 의무나 인권경영이 중요해지면서 DEI 역시 더욱 강조되고 있다.

기업뿐만 아니라 사회의 다양한 영역으로 DEI는 확장되고 있다. 예를 들어 교육 분야의 경우 해외 유수 대학은 DEI 기반의 교육 환경을 구축하기 위해 관련된 교과목들을 개설하고 강의 계획, 강의 운영, 강의 평가 전반에 걸쳐 DEI 가치를 반영하고 있다. 미국대학협회(Association of American Colleges & Universities, AAC&U)는 DEI를 '고등교육의 정수'라고 천명하며 약 60%의 교육기관이 교과과정에 DEI를 포함하여 학생들에게 최소한 한 과목을 수강할 것을 요구하고 있다.[36] DEI 교육은 민주적 시민성과 글로벌 경쟁력을 강화시켜주기 때문이다.

DEI 교육의 목표는 세부적으로는 인지적 측면, 태도적 측면, 행동적 측면에서 살펴볼 수 있다. 인지적인 측면에서는 나의 관점을 타인과의 관계 속에서 성찰하고 이해, 차이를 둘러싼 역사적·구조적 배경, 특권과 소외 등 사회적 불평등에 대한 이해를 높이도록 하고 있다. 태도적인 측면에서는 고정관념 및 편견을 제거하고 비차별적이고 관용적인 태도, 관점 수용과 공감, 사회적 책임을 함양하도록 하고 있다. 행동적인 측면에서는 나와 다른 사람들과의 효과적인 의사소통 및 협업 능력, 다양성 관점에서의 비판적이고 주체적인 사고력, 능동적인 사회정치적 참여를 요구하고 있다.[37] 우리나라에도 고려대학교에서 2019년 '다양성위원회'를 설립하여 다양성 현황을 파악하기 위한 지표를 개발하고 다양성에 관련된 연구를 바탕으로 교육 및 조직문화에 관한 정책을 제안하고 있다.

법제도 역시 DEI의 방향으로 강화되고 있다. 프랑스(1972년), 캐나다(1977년)는 일찍부터 차별금지법을 제정했다. 영국은 평등법(2010년)을 제정하며 '인종관계법', '성차별법', '장애인차별법' 등을 통합했다. 우리나라 역시

2004년 국가인권위원회가 차별금지법 권고 초안을 만들었으며 2007년 법무부가 차별금지법안을 입법예고하였으나 아직 국회에서 계류 중이다. 이에 따라 유엔에서는 2007년 유엔 인종차별철폐위원회의 권고부터 2011년 유엔 여성차별철폐위원회 권고, 2015년 유엔 자유권위원회 권고 등 차별금지법을 제정토록 지속적으로 권고하고 있다.

근로기준법 역시 직장 문화에 보다 적극적으로 개입하고 있다. 2019년부터 근로기준법에 직장 내 괴롭힘의 개념을 법률로 명시 및 금지하고, 괴롭힘 발생 시 조치 의무 등을 규정함으로써 직원의 인권과 노동권을 보호하고 있다. 직장 내 괴롭힘 신고 건수는 2019년 2,130건, 2020년 5,823건, 2021년 7,774건, 2022년 8,901건 등 매년 증가하고 있다. 괴롭힘 행위 유형을 보면 '폭언'이 33.6%(1만 1,250건)로 전체의 3분의 1 이상을 차지해 가장 많았으며 '부당인사' 13.8%(4,629건), '따돌림·험담' 10.9%(3,640건), '차별' 3.2%(1,071건), '업무 미부여' 2.6%(883건) 등의 순으로 나타났다.[38]

3.

DEI 감수성 챙겨야

여기까지 읽고 누군가에게는 DEI가 부담스럽게만 다가올 수도 있을 것 같다. 하지만 DEI 향상은 결국 모두에게 이익이 될 수 있다는 점을 인식해야 한다. 경제 전문 뉴스 미디어인 블룸버그는 DEI 중 공정성 향상을 위해 아시아에서 최초로 6개월 육아휴직을 도입한 기업 중하나이다. 그러면서 출산휴가가 아니라 육아휴직이라는 점을 분명히 했다. 입양 부모, 양부모, 대리모, 남성과 여성, 성 중립, 비이분법적 성별 등 모든 사람을 위한 휴가가 될 수 있다는 신호였다. 실제로 남성들은 기꺼이 육아휴직 정책을 활용하며 주 양육자가 되었다.[39]

마찬가지로 장애인이 일하기 좋은 환경을 만든다면 비장애인에게도 이득이 된다. 유니버설 디자인(universal design)에 입각해 작업 환경을 바꿔나가야 할 것이다. 이는 연령, 성별, 국적, 장애의 유무 등에 관계없이 누구나 편안하게 이용할 수 있도록 건축, 환경, 서비스 등을 계획하고 설계하는 것을 말한다. 예를 들어 기존의 엘리베이터 버튼은 세로로 길게 만들어진 경우가 많았다. 이 경우 휠체어를 탄 사람이나 팔이 불편한 사람, 어린아이들은 이용하기가 어렵다. 그래서 누구나 편하게 이용할 수 있도록 버튼을 가로로 만든 경우가 늘어나고 있다.

구글코리아의 경우[40] DEI 정책에 따라 사무실 공간 내 모든 안내표시에는 점자가 함께 병기되어 있다. 바닥에는 노란 점자 보도블록이 설치돼 있어 시각장애인들도 편하게 이동할 수 있도록 했다. 사무실 내 모든 복도는 180cm의 간격을 확보, 넓은 복도를 휠체어가 쉽게 다닐 수 있게 했으며, 슬라이딩 도어 및 자동문도 설치했다. 비장애인에게도 쾌적한 근무 환경이 조성된 것이다.

한편 DEI가 기존에 자연스럽게 했던 행동을 제약하는 것처럼 느껴질 수도 있을 것이다. 사실 명시적인 차별이 아니더라도 내가 미처 의식하지 못하는 가운데 상대방에게 미세공격을 할 수도 있다. '미세공격(microaggression)'이란 특정 집단(유색인, 여성, 성소수자 등) 구성원에 대해 공격하려는 의도가 없이 일상적으로 일어나는 적대감, 경멸, 반감 등 모욕적인 메시지를 전달하는 발언 또는 행동을 말한다. 이는 흑인 관련한 연구에서 얘기되기 시작하여 2017년에는 메리엄웹스터 영어사전에도 등재될 만큼 미국에서 통용되고 있는 용어이다. 미세공격은 언뜻 무해하거나 순수해 보여도 오랜 시간 공격 대상에게 상처로 누적되어 그들의 정신적 에너지를 떨어뜨리고, 자아존중감을 낮추며, 건강에 악영향을 끼친다.[41]

이와 관련해 김지혜 교수는 평범한 우리 모두는 '선량한 차별주의자'가 될 수 있다는 점을 인식해야 한다고 말한다. 내가 모르고 한 차별에 대해 '그럴 의도가 아니었다', '몰랐다', '네가 예민하다'라는 방어보다는 더 잘 알기 위해 노력을 기울였어야 했는데 미처 생각하지 못했다는 성찰의 계기로 삼자고 제안한다.[42] 중요한 건 나와 다른 상대방을 이해하는 열린 태도일 것이다.

강물은 거꾸로 갈 수 없다. 시대의 변화에 뒤처지기보다 앞장서서 나가는 자만이 성공할 수 있다. 흡연자가 사무실 책상마다 재떨이가 놓여 있고 흡연을 할 수 있었던 때를 마냥 그리워할 수만은 없다. 아침마다 "미스 김, 모닝커피 부탁해"라고 했던 때는 이미 지나갔다. DEI 강화역시 모두가 받아들여야 하는 시대의 트렌드이다. 쥐스탱트뤼도(Justin Trudeau) 캐나다 총리는 2015년 남성 15명, 여성 15명으로 이뤄진 새 내각을 발표했다. 남녀 동수 내각은 캐나다 역사상 처음이었다. 당시 남녀 동등한 성비를 중요하게 고려한 이유가 무엇이냐는 취재진의 질문에그는 "지금은 2015년이기 때문"이라고 답했다. 과거에머무르지 않고 현재를 살아가기 위해서는 'DEI 감수성'을 챙겨야만 한다. 더 나아가 DEI 문제가 생겼을 때 방관자나 목격자로서만 남지 않고 개입자로서 변화를 주도할수 있어야 할 것이다.

4.
조직의 변화

    DEI는 개인보다도 조직의 변화가 더욱 중요하다. 이를 위해 여러분이 속한 조직의 DEI 지표를 측정할 수 있도록 다음 질문에 답변을 해보자.

☐ 조직에서 자신의 진정한 모습을 표현하는 것이 얼마나 편안합니까?

☐ 의사결정 과정에서 다양한 관점을 적극적으로 모색하고 가치를 부여하고 있나요?

☐ 조직 내에서 공감할 수 있는 눈에 띄는 역할 모델이 있나요? 특히 나와 같은 성별의 임원이 업무나 커리어에 있어서 충분한 롤모델이 되어주고 있나요?

□ 동일한 배경과 능력을 가진 직원 채용 시 다양성 요소(인종, 연령, 젠더, 장애 유무)를 고려하여 다양성을 높이는 방향으로 채용을 하고 있나요?

□ 다양한 배경을 가진 사람들이 조직 내에서 승진할 수 있는 동등한 기회를 갖고 있다고 생각하나요?

□ 교육훈련, 승진, 직무배치 등에 있어서 성별, 나이, 장애 여부 등을 고려하지 않고 적합성만으로 평가하고 있나요?

□ 무의식적인 편견이나 다양성 및 포용성에 대한 교육을 받은 적이 있나요?

□ 소외계층의 개인을 지원하는 멘토링 또는 후원 프로그램이 있나요?

□ 조직문화와 가치가 얼마나 포용적이라고 생각하시나요?

□ 직장 내에서 어떤 형태의 차별이나 편견을 개인적으로 경험한 적이 있나요?

□ 부적절한 언행을 하는 동료가 있을 시 주변에서 그것에 대해 자유롭게 말할 수 있는 문화가 존재하나요?

□ 직장 내 괴롭힘, 성추행 등의 문제가 발생할 시 상담 및 해결해주는 인력, 부서, 정책이 존재하나요?

□ 조직이 차별이나 편견 사건을 해결하기 위해 적절한 조치를 취한다고 생각하나요?

□ 다양한 요구사항(예: 종교의식, 육아휴직)을 수용할 수 있는 포용적

인 관행이 마련되어 있나요?

☐ 육아휴직은 성별과 관계없이 동일한 기간을 부여받나요?

☐ 연차, 회식, 생리휴가, 육아휴직 등을 부담 없이 사용할 수 있나요?

☐ 부서 동료들과 팀으로 일하기가 좋나요?

☐ 다른 부서와의 업무 협조가 원활하나요?

☐ 사무 공간 및 휴식 공간은 개방적이고 의사소통에 도움이 되나요?

☐ 조직에서 근속하면 기대되는 커리어상의 미래가 예측 가능하나요?

☐ 조직에서 오랫동안 근무하고 싶나요?

어떠한가? 해당되는 항목이 절반을 넘지 않을 수도 있다. 개인뿐만 아니라 조직 차원에서도 DEI 감수성은 아직 낮기 때문에 당연한 결과이다. 지금부터라도 변화를 위한 노력을 시작하면 된다.

물론 변화의 과정은 어려울 수 있다. 쿠르트 레빈(Kurt Lewin)은 이를 고착화된 구조를 녹이는 단계, 새로운 방향성에 맞게 재정렬하는 단계, 그리고 새로운 구조로 정착시키는 단계로 나누어 설명한다. 각각 해빙(unfreezing), 변화(changing), 그리고 재동결(refreezing)이라고도 한다.

우선 해빙을 위해 DEI 시대에 도태되었을 때 개인과 기업이 안게 되는 위험에 대해 인식하며 위기감을 가져야 한다. 책의 제2장에서는 DEI의 개념을 보다 상세히 설명하며 여러분이 갖고 있는 통념을 깨고자 한다. 두 번째 변화를 위해 제3장에서 DEI와 조직문화를 연결하며 변화의 비전을 공유하고자 한다. DEI 조직문화가 일하기 좋은 기업의 글로벌 표준이며, 이를 통해 지속가능한 기업을 만든다는 점을 인식하며 우리 기업에서 시작할 수 있는 큰 틀을 제시하고자 한다. 마지막으로 재동결을 위해 제4장에서는 우리 조직에 DEI가 안착될 수 있는 컨설팅 프로세스를 제시하고자 한다. 차근차근 따라갈 수 있도록 상세한 방법을 기술했다.

여전히 변화를 두려워하는 개인과 조직에게 영화 〈쇼생크 탈출〉 속 얘기를 들려주고 싶다. 영화에서는 감옥에 익숙해지고 교도관들에게 길들여지는 죄수들의 이야기가 나온다. 50년 만에 가석방된 장기수는 사회에 적응하지 못하고 결국 자살한다. 동료는 다음과 같이 얘기한다.

"그는 교도소에 길들여졌어. 50년을 이곳에서만 있던 사람이야. 이 안에서 그는 중요한 사람이지만 사회에선 아무것도 아냐. 교도소의 철책은 웃기지. 처음엔 싫지만 차츰 익숙해져. 그리고 세월이 지나면 벗어날 수 없어. 그게 '길들여진다'는 거야."

우리의 오래된 인식, 변하지 않는 조직은 교도소의 철책과 같을 수 있다. 변화를 두려워하지 말고 철책을 넘어서도록 하자. 다행히도 이 책을 집어 들고 읽고 있는 것만으로도 여러분의 변화는 시작되었다.

제2장

DEI의 핵심개념

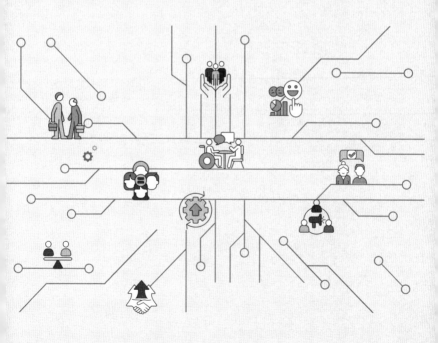

1.

다양성의 이해

"다양성은 우리 모두에 관한 것입니다. 그리고 우리가 함께 이 세상을 헤치며 걸어가는 방법을 알아내야만 하는 일에 관한 것입니다(Diversity is about all of us, and about us having to figure out how to walk through this world together)."

어른과 어린이 모두를 위한 다양한 책을 쓰는 미국의 작가이자 『꿈꾸는 갈색 소녀(Brown Girl Dreaming)』로 전미도서상(National Book Award)을 받은 재클린 우드슨(Jacqueline Woodson)이 한 말이다.

이 말에는 각자 다른 수많은 사람과 집단들이 함께 더불어 살아가야 한다는 메시지가 담겨 있다. 한 가지라도 달라서 혹은 차이가 나서 괴로웠던 경험을 해본 사람이라면 왜 인간은 차이를 차별화하는 건지 고민해본 적이 있기 마련이다. 살면서 단 한 번도 남들과 달라 고민해본 적이 없다면 아마도 모든 것이 당연하고 지금 이대로 지속되어도 괜찮은 엄청난 특권을 누리고 사는 사람이 아닐까 싶다. 모든 다름과 차이에 대해 말하기 전에, 그렇다면 세상에서 가장 살기에 편한, 달리 말하자면 가장 많은 특권을 가진 삶의 조건을 지닌 집단은 누구일까? 바로 WASP-M이다.

WASP(White Anglo-Saxon Protestant) - Male, 백인이면서 앵글로색슨계이면서 개신교 신자이면서 남자인 이들로 규정된 그룹에 속하면 엄청난 특권을 누릴 수 있다. 바로 모국어 하나만 할 줄 알면 전 세계 수없이 많은 나라에서 모국어를 가르치며 생계를 유지할 수 있다는 특권.

우리가 선택해서 태어나는 것도 아닌 이러한 삶의 조건을 알게 되자, 이 조건에 나 자신을 넣어서 내 삶의 조건은 어떤 것일까, 또 최악의 삶의 조건은 어떤 것일까 생각도 해보게 되었다. 그리고 어떠한 특권만 있는 삶의 조건과 다르게, 우리의 차이를 만드는 여러 다양성에는 무엇이 있을지도 궁금해졌고, 얼마큼의 차이를 만드는지에도 눈을 돌리게 되었다.

어떤 다양성(Diversity)들이 있는지 살펴보면 다음과 같다.

1) 다양성의 차원

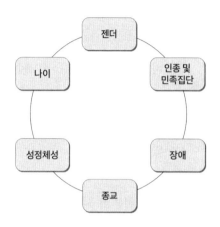

젠더 다양성은 남자와 여성의 성별 격차를 주로 다룬다. 주로 임금 차이(pay gap)나 승진과 보상에 있어서의 차이를 조명하고, 직장에서 근무할 때 불편함으로 기울어진 운동장에서 특정 성별이라서 더 겪지 않도록 조정하는데 젠더 다양성을 말하게 된다. 같은 노동을 하고도 왜 임금을 덜 받는가, 왜 승진에서 뒤처지는가 등의 문제부터 시작해서 육아와 출산을 이유로 여성들이 경력이 단절되거나 커리어에 지장이 생기는 문제, 성희롱을 비롯한 성폭력에 노출되는 문제 등이 젠더 다양성을 둘러싼 문제라고 할 수 있다.

인종 및 민족집단 다양성 문제는 한국의 기업들이 아직까지는 굉장히 동질성이 커서(homogenous) 큰 문제로 대두되고 있지는 않지만, 급격한 고령화와 다가오는 인구절벽으로 인해 비한국인 고용자가 늘어날 수밖에 없는 현실이라, 조만간 마주하게 될 이슈이므로 대비를 해두는 것이 좋다. 인종(race)은 보다 넓은 카테고리로, 백인(Caucasian), 아시아인, 히스패닉(Hispanic), 흑인과 같은 구분을 하지만, 민족집단이라 번역하는 ethnic group은 이보다 세분화된 용어로 다문화 사회에서는 꼭 필요한 구분이다.

예를 들어 한국인과 일본인은 같은 인종이고 유전적으로 가장 가까운 집단이지만, 이 두 집단의 역사적·문화적·언어적 정체성은 다르다. 인종에 더해 같은 문화, 역사, 언어를 공유하는 한 집단을 민족집단(ethnic group)이라고 한다. 민족집단이라는 번역어가 딱 맞아떨어지는지는 의문이지만, 이 표현 외에 옮길 만한 다른 말도 없는 실정이다(우리가 보통 하나의 민족이라고 할 때, 민족은 nation이라고 한다. 또 중국의 민족을 구분할 때 한족을 ethnic Han이라고 표기한다). 미국과 같은 다문화·다인종 사회에서는 Korean이 하나의 ethnic group이 된다. 한국에서도 귀화한 여러 나라 사람들을 비롯해서 우즈베키스탄에서 돌아온 고려인, 중국에서 돌아온 조선족 등이 이미 자신들만의 특색을 갖추고 한국 사회에 적응해가며 독특한 ethnic group을 이루고 있다.

백인들이 주류인 사회에서는 유색인종을 일컫는 말들이 보다 포용적인 용어로 바뀌고 있다는 점도 주의해야 한다. African American이라는 표현이 미국에 거주하는 흑인들을 일컫는 정치적으로 올바른 표현이라고 한 적이 있었지만, 사실 쿠바에서 온 흑인 미국인들도 있는 등 엄청나게 다양한 흑인들이 존재하기 때문에 위 표현은 이제는 잘 쓰지 않는다.

유색인종은 POC(Person of Color, People of Color)라고 하는데, 백인이 아닌 모든 인종을 일컫는 표현이다. 이 중에서도 BIPOC라는 표현이 따로 있다. Black, Indigenous, People of Color의 약자로 미국에서 가장 큰 인종 소수 집단인 흑인(Black) 미국 원주민(Indigenous)을 따로 묶고 아시아인, 인도인, 히스패닉 및 태평양 섬 출신 사람 등의 나머지 유색인종을 POC를 붙여서 표현하기도 한다. 읽을 때 BIPOC(바이파크)라고 한다.

또한 ethnic group의 경우 조직 내에서 이슈가 될 때에는 ethnic minority라고 일컫는다는 점도 주의해야 한다.

장애/비장애 다양성은 ability/disability로 표기하고, 장애로 인한 차별을 ableism이라고 표기하면서 최근 몇 년 사이에 새로운 용어와 논의들이 쏟아져 나온 분야이다. 장애인 고용과 근무 환경에 대한 여러 가지 논의를 DEI에서 다루고 있지만, 그 이전에 이 분야는 보다 포용적인(inclusive) 언어를 사용하는 작업부터 필요하다.

일단 장애인은 이전에는 the disabled, the physically challenged 등의 표현으로 많이 일컬었는데, 두 번째 표현의 경우 아직도 많이 사용되고 있다. 하지만 새롭게 등장한 표현은 PWD(Person with Disability)이다. 이 용어는 많은 포용적인 언어에 해당하는 person first(이것을 사람 중심이라고 번역하기도 하는데, 그렇게 번역하면 어떤 맥락에서는 잘 맞지 않는다. '사람 우선'이라는 번역이 낫다) 표기를 따른 것이다. 영어권에서는 이것이 큰 의미가 있다. 기존의 표현들은 physically challenged person과 같이 앞에 오는 형용사가 뒤의 사람을 수식하고 한정해서, '장애'가 존재를 규정한다는 이의 제기가 있었다. 그러나 Person with Disability의 경우 장애는 부가적으로 있는 똑같은 사람이라는 의미를 전달한다. 다만, 한국어는 수식을 받는 말이 늘 뒤에 오므로 장애인이나 장애가 있는 사람이나 둘 다 수식어구가 사람 앞으로 가기 때문에 person first 표현이 불가능하다.

또 한 가지, 장애가 없는 이들을 the able-bodied라고 하는데, 장애가 없는 이들이 누리는 특권(the able-bodied privilege) 리스트가 있다. 이 리스트를 죽 살펴보면 장애가 없는 이들이 누리는 특권이 무엇인지, 마치 공기와 같아서 누리는 자들은 알아차리지 못하는 특권이 무엇인지 알 수 있고, 이 리스트를 장애인 피고용인들을 배려해서 환경과 정책을 만들 때 참고하면 좋다. 물론 가장 좋은 방법은 장애인에게 물어보는 것으로, 당사자성이 가장 중요하다.

영국의 경우 장애인 근무 환경에 대해 컨설팅을 제공해주는 장애인이 설립한 기업 컨설팅 업체가 존재한다. 그레고리 버크(Gregory Burke)라는 케임브리지대학 출신

변호사는 'AccessAble'이라는 컨설팅 업체를 설립해서 350개 이상의 기업에 장애인식 교육과 더불어 장애인 친화적인 근무 환경 구축에 대한 컨설팅을 제공하고 있다. 20년에 걸친 1,500개가 넘는 장애인 단체들을 망라한 연구와 조사 결과를 바탕으로 제공하는 이 컨설팅은 매우 실질적이고(예를 들면 주차장 바닥이 너무 미끄러워서 목발을 짚은 자는 보행이 힘들다 등) 구체적인 지침과 통찰을 제공한다.

종교 다양성은 종교가 국교가 아닌 국가들에서는 매우 중요한 항목이기도 하다. 채용 시 종교로 필터링을 하면 안 되는 점과 특정 종교를 가진 이들이 종교상 의무를 수행하는 데 배려를 해주는 일 및 이들의 섭식상의 제한사항을 고려해주는 일들이 필요하다. 섭식 다양성은 별도로 뒤에서 다루고자 한다.

무엇보다 특정 종교를 믿는 이들이 자신의 가치와 믿음을 다른 이에게 강요하지 않는 분위기를 만드는 일이 가장 중요하다. 성소수자에 대해 특히 강렬한 혐오를 자유롭게(?) 표현하는 이들이 있는데, 종교를 개인의 자유라고 헌법에 적시한 국가의 경우 이러한 배타적인 행위에 대해서는 제도적인 제약도 필요하다.

인종차별의 경우 제도적인 제약이 사실 큰 힘을 이미

발휘하는 부분이 있다. 개인적인 편향을 제도로 제안하고 교정하고 끌어올리는 접근법이 가장 효과적이므로 인종차별을 당할 경우 신고할 수 있는 전화번호 하나가 사방에 붙어 있는 것만으로도 굉장히 큰 효과가 나타난다. 실제 영미권 국가에서는 개인의 믿음과 가치관이 무엇이든 간에(한 개인이 어떤 인종적인 편향을 가지고 있든 간에) 멀쩡한 조직 생활을 하는 이들은 그런 편향을 특정인을 상대로 표출했다가 고발당하면 경력에 종지부를 찍을 수 있다는 분위기가 있다. 이럴 경우 은밀하고 암시적인 인종차별은 경험할 수 있지만, 절대로 공공장소와 웬만한 기업 내에서 인종차별을 경험할 수 없게 된다. 물론 길거리에서는 충분히 접할 수 있다.

그래서 종교 다원주의를 택한 국가에서는 종교적 신념을 배려해주는 일이 필요하지만, 종교적 신념을 강요하는 행위에 대해서는 제약을 두는 일도 꼭 필요하다.

성정체성 이슈에 대해서는 굉장히 조심스러운 부분이 많다. DEI 정책을 이미 상당히 쓰고 있는 서구 기업에서도 구성원의 성정체성 부분은 개인의 사적인 정보로 대응해서 본인이 커밍아웃을 하지 않는 한 비밀 보장을 해야 하기 때문이다. 일단 구체적인 개인의 성정체성에 대해서는 프라이버시 보호를 원칙으로 하고, 사내의 일반적인 인식 부분에 대해서는 인식 고양 작업이 필요하다고 할 수 있다. 더군다나 세계 114개국에서 아직도 성정체성으로 인한 고용상의 차별을 경험해도 보호해주는 법적인 장치가 없다고 한다.

그 이전에 우리가 성정체성에 대해 꼭 알아야 할 부분은 다음과 같다. 성정체성(sexual identity 혹은 gender identity)과 성지향성(sexual orientation 혹은 sexuality)을 구분해야 한다. 이 부분을 자세히 살펴보면 스무 가지 이상의 다른 분류가 있지만, 가장 중요한 지점은 인간의 성은 남성과 여성, 이 두 가지로 나누어질 수 없다는 점이다. 이 부분에 대해 종교적인 신념상 어쩌고의 논의는 무의미하고, 실제 있었던 일을 공유하고자 한다.

첫 번째로, 2013년부터 영국에서는 공문서에 성별 표기 방식이 하나가 더 늘었다. 남성/여성 혹은 M/F로 표기하는 한국과 달리, 영어 문서에는 기존에 성별 표시를 Mr., Ms., Mrs.로 하고 이 중 하나에 표시(v)를 하는 방식을 사용했었다. 하지만 2013년 서섹스주부터 시작해서, 이제는 대부분의 영국 공문서에는 Mx.(믹스)라는 항목이 추가되었다. 이는 남성도 여성도 아닌 사람들이 체크를 하는 항목이다.

　두 번째로, 2017년 도널드 트럼프(Donald Trump) 미국 대통령 재임 시절, 행정부는 인간의 성별을 출생 시 확정된(established at birth) 성별로 정하려는 법안을 발의한 적이 있다. 이때 전국에서 노벨상 수상자를 포함한 1,600명이 넘는 과학자들이 백악관에 청원서를 보내는 일이 벌어졌다. 중요한 것은 인권을 이유로 반대를 한 게 아니라는 점이다. 비과학적이라서 반대를 했다는 점이다. 아래 사진 속 구호의 'binary'라는 말은 '이분법의'라는 의미다.[1] 미래가 이분되지 않는다는 말은 미래지향적인, 그리고 과학적인 시각으로 인간의 성별은 두 개로 나누어질 수 없다는 뜻이다.

실제 인간의 생물학적인 성도 남/녀 둘로 적확하게 이분되지 않는다. 스물 세 번째 염색체 쌍이 XX냐, XY냐에 따라 남/녀로 태어난다고들 알고 있는데, XX에서 두 번째 X의 다리가 하나 덜 발생하면 XY가 되고, 얼마큼 이 다리는 적확하게 똑 떨어지게 Y인 상태가 외려 드물다. 얼마큼 다리가 덜 남아 있어야 남성으로 태어나는지 우리는 아직 모른다. 다만, 인간의 생물학적인 성조차 그 발생이 스펙트럼상에 있다는 점은 알 수 있다.

또한 남자와 여자의 특성을 모두 가진 간성(intersex)이나 XYY 혹은 XXY의 변형꼴들도 만 명에 두어 명 정도로 늘 태어난다. XYY의 경우 범죄학 시간의 공격성 호르몬(테스토스테론 이론)에서 처음 접했었는데, Y 염색체가 둘인 경우 넘치는 공격성으로 인해 대부분 감옥에서 찾아보게 된다고 한다. 반면 XXY는 표현형은 남자이지만, 여자보다도 여성적인 남자로 살아간다고 한다. 이처럼 이제는 생물학적인 성조차도 남/녀로 이분되지 않는다고 과학자들이 말하는 세상에 우리는 살고 있다. 인간의 성은 다양한 스펙트럼상에 존재하기 때문이다.

성정체성과 성지향성을 구분해 이해하는 가장 쉬운 방법은 미국의 유명 유튜버 브랜든 조던(Brendan Jordan)의 방식이다. 그는 "성지향성은 누구와 함께 침대로 가느냐이고, 성정체성은 누구로서 침대로 가느냐이다(Sexuality is who you go to bed with, and gender identity is who you go to bed as)"라고 명쾌하고 쉽게 정의한 적이 있다.

또 한 가지, 성소수자들을 가리키는 표현인 LGBT는 요새 LGBTAIQ+라고도 한다. LGBT는 L(Lesbian) 레즈비언, G(Gay) 게이, B(Bisexual) 양성애자, T(Transgender) 성전환자를 의미하고, 여기에 A(Asexual) 무성애자, I(Intersexual) 간성, Q(Questioner) 성적 지향에 의문을 품은 사람 정도가 덧붙었고, +를 뒤에 붙여서 이외에도 더 많은 성적 지향이 있을 수 있음을 나타낸다.

나이 다양성은 나이 차별(ageism)이 주된 이슈가 되며, 너무 어리거나 너무 늙었다는 이유로 차별과 불이익과 배제를 경험하는 문제를 다룬다. 이 차별은 다음과 같은 양상으로 사회 혹은 조직에서 찾아볼 수 있다. 의료 혜택에 나이 제한을 둔다거나, 직장에서 의사결정 과정에서 젊은이들을 배제한다거나, 나이 차이가 나는 사람들 사이의 상호작용에서 지배와 조종이 나타나거나, 내면화된 고정관념(stereotype)으로 스스로 자기 행위를 제한하는 현상 등이 그러하다. 나이 차별은 보통 세 가지로 구분해서 대처하는데, 제도화된 나이 차별(institutionalized ageism), 대인 나이 차별(interpersonal ageism), 내면화된 나이 차별(internalized ageism)로 나눈다.

2020년 미국에서 전국적인 노화 설문을 진행한 적이 있는데, 50세에서 80세까지 미국 성인 80%가 일상에서 나이 차별을 경험한 적이 있다고 응답한바, 실제 나이 차별의 문제는 가볍지 않다. 이게 왜 가벼운 문제가 아니냐 하면, 나이 차별이 심할수록 시민의 유병률이 높아지고, 의료비용이 증가하며, 빈곤이 증가하고, 기대수명이 감소하기 때문이다.

2021년 5월 18일 유엔은 나이 차별에 대한 세계 보고서를 발표해서 나이 차별을 줄이기 위한 행동 프레임워크를 제시한 바 있다. 이 프레임워크의 골자는 다음과 같다. 시간상의 나이가 우리를, 우리의 능력을, 우리의 한계를 규정하지 않는다.

나이 차별에 대한 데이터는 부족하므로 나이 차별이 다른 형태의 차별과 어떻게 교차하는지에 대한 연구가 절실하게 필요하다. 또한 모든 연령대를 위한 사회를 건설하기 위한 증거에 입각한 개입(evidence-based intervention) 방법은 존재한다.

그런가 하면 세계보건기구(WHO)는 나이 차별에 맞서는 세 가지 방법을 제시했다. 첫 번째가 교육, 두 번째가 세대 간 이해와 노력, 세 번째가 바로 법률과 정책이다.[2]

조직 시각에서 유의해서 보아야 할 부분은, 꼰대와 MZ로 대표되는 세대 간 갈등 이슈와 한국의 나이 위계이다. 사회 구성원의 기대수명은 늘었는데 정년 시기는 늦춰지지 않은 부분도 사회와 기업이 인구절벽을 조금이라도 늦추기 위해 고려해야 하는 문제이다.

그 외 섭식 다양성과 언어 다양성, 생태 다양성 등 다른 유형의 다양성들이 존재한다. 섭식 다양성은 비거니즘(veganism) 논의와 이어지는데, 더 이상 비거니즘은 단지 식단에 대한 문제일 뿐 아니라 라이프스타일과 생태 다양성과 맞물리는 이슈이기 때문에 자세히 살펴볼 가치가 있다.

일단 다문화 사회에서 섭식 다양성은 종교적 다양성에 대한 배려이기도 하므로 조직에 다양한 구성원들이 늘어나면서 개인이 믿는 종교상 금지된 음식이나 금지된 음식 가공법에 대한 인식이 절실하다. 다문화 사회의 기업에서는 이슬람 문화권의 하랄(Halal) 인증과 유대인들의 코셔(Kosher), 인도의 소고기 금지 및 채식주의자에 대한 배려가 기업의 회식과 파티에 반드시 고려해야 하는 요인이기 때문이다. 특히 이슬람 문화권의 경우 식품뿐 아니라 다양한 상품군에서 하랄 인증이 매우 중요해 수출 시 반드시 점검하고 맞추어야 하는 조건이기도 하다.

언어 다양성은 비주류인 언어를 구사하는 이들에 대한 배려이기도 하고, 세계 보편어인 영어(English as a Lingua Franca)를 구사할 때 악센트에 대한 차별과 편견을 배제하는 조치가 필요하다는 의미에서 조직에서 고려해야 한다.

생태 다양성은 ESG(Environmental, Social, Governance) 경영에서 이미 주요한 이슈이고, 지속가능성(sustainability)과 직결되는 문제라서 그 부분과 관련해 반드시 짚어봐야 한다. 동물권 및 동물 복지와도 연결되는 문제이고, 지구상의 모든 생명은 모두 하나로 연결되어 있다는 기치를 내세우고 다양한 분야의 전문가들이 협력하는 'One Health Initiative'도 눈여겨볼 필요가 있다.

2) 교차성: 중첩된 정체성과 경험의 중요성

교차성(intersectionality) 혹은 상호 교차성이란 모든 압제와 차별은 연결되어 있다는 개념이다. 더 자세히 말하자면, "인종, 계급, 젠더와 같은 사회적 범주들은 이 범주들이 속해 있는 체제들이 서로 겹치고 상호 의존적이기 때문에 그 사이에 상호 연결된 속성이 있고 이 속성을 교차성이라고 한다(The interconnected nature of social categorizations such as race, class, and gender, regarded as creating overlapping and interdependent systems of discrimination or disadvantage)."[3] 미국의 제3세대 페미니즘의 선두주자이자 흑인 레즈비언 작가인 오드리 로드(Audre Lorde)도 "단일한 문제인 투쟁이란 없다. 우리가 단일한 삶을 살고 있지 않기 때문이다(There is no such thing as a single-issue struggle because we do not live single-issue lives)"라고 말한 바 있다.

　이를 더 풀어 말하자면, 전적으로 특권만 가진 사람도 없고, 전적으로 소수성만 가진 사람도 드물다. 통상적으로 한 사람 안에는 여러 가지 섹션(section)이 교차한다. 예를 들어 남자이면서 백인이라는 특권이 있지만 장애인일 수 있고, 유색인종이면서 여성이지만 상위 1% 계급에 고학력일 수 있다. 이처럼 한 사람은 하나의 섹션만으로 봐서, 남성이니까 무조건 특권이 있는 주류 집단, 여성이니까 무조건 소수자 집단, 이런 식의 접근법은 의미가 없다는 뜻이다.

이는 백인 엘리트 여성이 겪는 사회적인 압제와 흑인 여성이 겪는 사회적인 압제가 같을 수 있냐는 문제의식이기도 하다. 후자의 경우 유색인종이라는 소수성과 여성이라는 소수성, 두 가지 소수성이 겹치면서 그 사람이 겪어야 하는 압제와 차별은 양과 질 모두에서 다를 수밖에 없다.

이 교차성이라는 개념은 그래서 복수의 정체성이 상호작용을 하며 어떻게 고유한 압제의 형태를 만들어내는지를 본다. 원래 미국의 교수이자 변호사인 킴벌리 크렌쇼(Kimberle Crenshaw)가 흑인 여성의 페미니즘에서 영감을 받아 만든 용어이기도 하다. 예를 들어 교차성의 틀로 가난을 보면, 단순히 실업만이 문제가 되는 게 아니라 불공평한 의료 혜택에서부터 기후 위기 등등도 모두 가난한 특정한 현상을 만들어내는 데 상호작용을 하고 있다.

이러한 교차성의 여러 켜, 교차하고 상호작용하는 섹션들을 잘 나타낸 이미지는 다음과 같다.[4]

오른쪽 상단부터 종교, 언어, 지리적 위치, 역사 및 유산, 젠더, 이민 상태, 민족집단, 원주민 여부, 장애 여부, 성지향성, 직업, 나이, 인종, 가족 상황, 교육 등이 자리하고 있다.

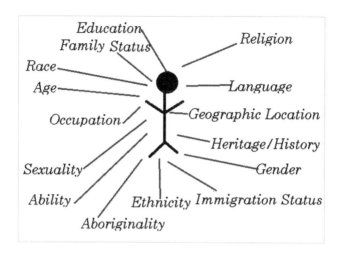

이러한 조건들이 한 개인을 이루는 켜들로 교차하고 상호작용하면서 특정한 삶의 조건들을 만들어낸다. 따라서 우리는 소수성에 접근을 할 때, 다채롭고 입체적인 개인을 하나의 소수성 집단으로 환원시켜서 그 집단의 구성원으로 갖는 그 사람의 특성을 그 사람 특성의 전부인 양 납작하게 만드는 일을 피해야 한다. 또한 내가 가진 특권이나 주류 집단의 속성은 무엇인지 점검해보고, 타인의 소수성에 배려하고 존중하는 태도를 키워야 한다.

각기 다른 특권과 소수성이 교차하는 개인들이 더불어 사는 사회를 얘기할 때 비로소 '인터섹션 앨라이

(intersection ally)'라는 개념이 등장한다. 우리는 서로 상대의 소수성에 대해 지지하고 응원하고 연대하는 지원자, 우군인 앨라이(ally)가 되어야 한다는 의미다.

3) 해외 다양성 케이스

다양성을 기업에 도입하고자 할 때에는 매우 조심해야 하는 지점이 있다. 2015년《하버드비즈니스리뷰》의 설문을 보면, 이미 고위 경영자 76%가 보다 다양한 인적 구성이 기업의 재정적인 수익을 향상시킬 거라고 믿고 있다고 응답했다는 것을 알 수 있다. 하지만 학자들의 심층적인 연구에 따르면, 다양성이 직접적·즉각적으로 재정 수익을 올리는 것이 아니라고 한다. 다양성은 그보다는 업무의 질을 높여주고, 더 나은 의사결정을 하게 해주고, 팀의 만족도가 올라가고, 더 평등해지는 결과를 낳게 되고, 이 모든 결과물이 기업의 재정 수익에 어찌해서든 기여를 하게 되는 경로를 따라간다고 한다.[5] '다양성 = 수익 증대'를 너무 도식적으로 믿고, 이를 기업 내에 표방하는 경우 이는 외려 소수자 조직원들에게 엄청난 부담으로 다가가게 되어 팀워크를 해칠 수 있다고 말하기까지 한다.

하지만 다양성을 기업 가치로 받아들여 긍정적인 성과를 낸 기업들을 들여다볼 필요는 항상 있다. 이들의 다양성이 결국 어떻게 기업문화를 바꾸고, 이 기업문화가 또 어떻게 기업 활동에 이익이 되도록 작용했는지 살펴볼 필요가 있다.

(1) 소덱소[6]

프랑스의 푸드 서비스 기업인 소덱소는 성별 격차에 중점을 두고 블룸버그 젠더평등지수를 도입했다. 그 결과 여성이 소덱소의 중역 중 37%, 이사회의 60%를 차지하게 되었다. 소덱소에 따르면, 조직 내에 최적의 성비 균형이 존재할 때 직원들의 참여도가 4% 증가하고, 총이윤은 23% 증가하고, 브랜드 이미지는 5% 증가한다고 한다. 소덱소는 전 세계 42만 이상의 직원들 사이에 18개가 넘는 LGBTQ+와 앨라이 네트워크가 있기도 하다.

(2) 존슨앤존슨[7]

Johnson&Johnson

존슨앤존슨은 내부에 12개의 ERG(Employee Resources Groups, 직원 자원 그룹)를 갖추고 있으며 이 그룹을 통해 조직 내에서 직원들의 잠재력을 계발하고, 관계 자본을 구축하고, 포용적인 환경과 문화를 추진하고 있다. 2025년까지 존슨앤존슨은 전 세계 조직에 여성을 50%까지 임원으로 둘 목표를 세워두었다. 또한 미국에서는 인종 다양성을 35%까지 키우고자 한다.

존슨앤존슨에서는 또한 CDEIO가 CEO와 회장에게 직접 보고를 하게 되어 있다. 이는 DEI의 전 과정을 최고경영자 레벨에서 감독하고 있다는 뜻이다. 이러한 노력의 결과 존슨앤존슨은 미국 참전용사 잡지에서 그 다양성에 대한 노력으로 '최고 중의 최고'로 인정을 받았으며, 지난 28년 동안 워킹맘을 위한 최고의 직장 리스트에서 빠진적이 없다.

(3) 마스터카드[8]

  마스터카드는 다이버시티인코퍼레이션(DiversityInc)이 선정한 최고의 다양성 기업 50에 계속 선정되고 있으며, 공평한 직장을 만드는 데 굉장한 노력과 헌신을 보여왔다. 2021년부터 마스터카드에서는 남성이 1달러를 벌 때 여성도 1달러를 벌며, 유색인종들 역시 마찬가지로 동일한 임금을 받고 있다. 직원 채용 최종 면접 중 81%에 여성이 면접관으로 들어가며, 마스터카드 내부의 BRG(Business Resource Groups, 기업 자원 그룹)는 47개국에 걸쳐 130개 지부를 두며 다양한 공동체와 그 앨라이들을 지원하고 있다.

  마스터카드는 또한 성전환 수술과 동성부부의 대리출산 지원책도 제공하며, 이공계 소녀들을 지원하는 다양한 다양성 지원제도를 실시하고 있다.

(4) 액센츄어[9]

액센츄어는 세계에서 DEI를 잘 실행하고 있는 기업으로 지속적으로 순위에 오르고 있다. 이는 액센츄어의 ERG가 잘 조직되어 활동하면서 전 세계 지사에 걸쳐 소수 그룹 출신의 직원들에게 지원을 해주고 있는 덕분이다.

액센츄어의 ERG 중 특히 프라이드(Pride)에는 LGBT+ 직원과 앨라이를 포함해 12만 명이 소속되어 있고, 장애 챔피언(Disability Champion)의 경우 장애인의 접근성과 포용을 지지하는 2만 7,000명이 가입되어 활동하고 있다. 또한 액센츄어의 임원 중 42%가 여성이기도 하다.

(5) 마이크로소프트[10]

2020년 블랙라이브즈매터 운동 이후 마이크로소프트는 흑인 직원 관련해 대담한 행보를 보였다. 2020년 7월 마이크로소프트의 CEO 사티아 나델라(Satya Nadella)는 개

선책을 발표했는데, 내부 DEI를 개선하고, 향후 5년에 걸쳐 DEI에 1억 5,000만 달러의 예산을 집행하며, 2025년까지 흑인 미국인 고위직 수를 두 배로 증가시키는 것을 골자로 한다.

(6) KPMG[11]

DEI에 있어서 가장 큰 이슈 중 하나는 공유할 수 있는 체험이 적다는 점이다. 많은 이들이 포용적인 문화를 일구고 싶어 하지만, 소수 그룹의 일원이라는 것이 어떤지 단순히 이해하기가 힘들기 때문이다.

그런 의미에서 KPMG가 사용하는 거꾸로 멘토링(Reverse mentoring)은 획기적이고 창의적인 접근이 아닐 수 없다. KPMG는 2018년부터 이 제도를 사용하고 있다. 이 제도는 성별, 인종, 성정체성이 다른 주니어 직원과 고위 관리자를 묶어서 한 짝이 되어 주니어 직원 관점으로 사안에 접근하는 멘토링을 말한다. 그 결과 KPMG에서는 관리자들은 보다 포용적이 되는 법을 배우게 되었고, 주니어 직원은 역량이 강화되고 참여도가 높아지는 효과를 누리게 되었다.

2.

공정성과 사회정의

1) DEI에서 공정성의 개념

공정성(Equity)은 다양성이 인정되고 포용이 벌어지는 조직에 비로소 구현되는 상태이기도 하다. 보통 공정(equity)과 공평(equality)을 많이 비교해서 어떤 점이 다른지 설명하곤 한다. 그리고 이때 다음의 삽화도 자주 인용된다.

여기서 말하는 공평 혹은 평등(equality)은 각 사람의 현상태가 어떠한지에 관계없이 모두 똑같은 발판을 주는 것이라면, 형평 혹은 공정이라 번역되는 equity는 모든

자료: Interaction Institute for Social Change[12]

사람이 똑같이 전망을 누릴 수 있도록 다른 높이의 받침 대를 제공하는 일이 된다. 기계적인 평등이 의미가 없다 는 말을 할 때, 사실 우리는 평등보다 더 중요한 것은 공 평일 수 있고, 누군가는 기울어진 운동장에 있다는 점을 말하고자 한다. 위에서 말한 평등과 공정 개념에서 한 걸 음 더 나아간 개념을 그린 이미지는 다음과 같다.[13]

불평등이 나뭇가지가 기울어져서 손이 닿기 쉽고 열매 가 많이 달린 쪽과 그렇지 않은 쪽이 있는 상태이고, 평 등은 이때 양쪽에 같은 높이의 사다리를 제공하는 일이 며, 공정은 나뭇가지가 더 높은 쪽에 더 높은 사다리를 제공하는 일이 된다. 여기까지는 위에서 경기장을 구경하는 이들과 개념이 똑같다. 그런데 여기에서 더 나아가 기울어진 사과나무를 비로 세우고 사과가 골고루 열매 맺도록 한다면 아예 한쪽이 더 높은 사다리를 받을 필요조차 없어진다. 다시 말해, 한 조직과 공동체에서의 변화에서 더 나아가 이를 뒷받침하는 제도와 법률까지 바뀐다면 이건 정의가 구현된 상태가 된다.

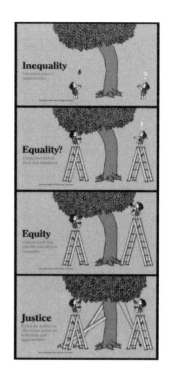

즉 다양성이라는 개념은 다양한 인간과 삶의 조건이 존재함을 인정하는 상태를 말한다. 문제는 다양성만 있는 조직은 의미가 없다는 점이다. 반드시 포용성이 있어야만 다양성도 조직의 강점으로 그 역량을 발휘할 수 있게 된다. 문제는 다양성은 있되 포용성이 없는 조직이 존재할 수 있고, 실제로도 많이 존재한다는 사실이다. 역으로 다양성이 없는 포용성은 존재할 수 없다.

　포용성 없이 다양성만 존재하는 공동체에서는 보통 토크니즘(tokenism)이 사용된다. 토큰은 '증표'라는 의미의 영어 단어로, 전시용으로 존재하고 할당된 수를 채우기 위해 존재하는 이들을 '토큰'이라고 부르며, 사회구조적인 차별을 개인적인 차원으로 환원시키는 기제로 흔히 사용된다. 예를 들어 흑인들이 사회구조적으로 차별을 받는다고 항의하면, 성공한 개인인 흑인, 특히 슬럼가에서 자랐으나 본인의 재능 외에 불굴의 노력으로 성공한 흑인을 들어 보이며, "이 흑인은 머리가 좋고, 노력을 해서 성공했잖아(너희는 머리가 나쁘고, 노력을 하지 않아서 성공하지 못한 거야)"와 같은 식으로 사용하면, 바로 그 성공한 흑인 개인은 토큰으로 이용된 것이다.

　근래 (철학자들이 주도한 프랑스의 페미니즘과 달리) 미국의 페미니즘은 시인들이 견인차 역할을 한 부분이 아주 큰데, 그중에서도 애드리언 리치(Adrienne Rich)는 미국 최대 규모의 학술대회 중 하나인 MLA(Modern Language Association)의 한 연설에서 관중석에 앉아 있는 중견 여성 교수들을 가리키며, 아버지의 서재에서 공부하고 아버지의 돈으로 대학에 가서 엘리트가 된 당신들은 가부장제의 토큰이라는 발언을 1990년대에 한 바 있다. 이렇듯 여기 해당 소수성을 가진 구성원이 있다는 전시용으로 호출되고, 기득권 세력이 허락하는 만큼만 성공할 수 있는 것이 바로 토큰의 운명이기도 하다.

포용성(Inclusion)은 쉽게 말하면, 모두가 환영받고 그 어느 누구도 기죽지 않는 분위기이기도 하고, 모든 구성원이 자신들의 능력을 최대한 발휘할 수 있도록 장애물이 무엇인지 식별하고 제거하는 의도적인 행위를 말하기도 한다. 미국의 다양성 컨설턴트이자 넷플릭스의 포용전략 부사장인 버나 마이어스(Vernā Myers)는 그래서 포용에 대해 이렇게 말한다.

"다양성이 파티에 초대받는 일이라면, 포용성은 함께 춤추자는 청을 받는 일이다(Diversity is being invited to the party; inclusion is being asked to dance)."

다양성만 있는 상태에서 더 나아가 포용적인 분위기를 만들고자 한다면, 일단 첫 번째로 해야 하는 일은 소수집단(underrepresented

버나 마이어스

group) 출신 구성원의 수를 늘리는 일이다. 이탈리아의 경우 2011년 쿼터법을 정해서 2015년까지 국영 기관의 기업 이사회에 각 젠더가 최소 33%가 있어야 한다고 정했다. 30~35%의 비율은 매우 중요한데, 이는 소수집단 구성원이 침묵하지 않고 눈치 보지 않고 기업의 의사결정에 목소리를 내기 위해서는 자신과 같은 소수집단 구성원이 최소 그만큼이 있어야 하기 때문이다.

2023년 미국 아카데미 시상식은 새로운 다양성 규칙을 발표했다. 2024년부터 최고작품상 후보에 올라가는 영화는 출연진의 3분의 1이 소수집단 출신이거나 일하는 직원의 30%가 다양한 인종 및 민족집단 출신이어야 한다는 내용이었다. 이는 소수집단 구성원의 양적인 비율이 최소 30%에서 3분의 1은 되어야 한다는 연구 결과 및 트렌드를 반영하고 있다. 실제 여러 다국적 기업의 DEI 목표는 다음과 같다.

마텔(Mattel) 사는 임금격차를 극복해서 임금 공정성(pay equity)을 100% 달성한다는 목표를 세우고 있고, KPMG는 파트너와 상무이사 레벨의 임원 50%를 소수집단 출신으로 구성하겠다는 목표를 세웠으며, 맥도날드는 미국 본사의 경영진과 세계 지사 경영진의 구성 중 소수집단 출신을 35%에서 40%로 끌어올리는 것을 목표로 하고 있다. 그런가 하면 어도비(Adobe)는 경영진 중 임원의 비율을 2025년까지 전 세계 지사에서 30%로 늘리는 것을 목표로 내세웠다.[14] 물론 여성 임원의 수를 늘린다고 일반 직원에서 여성 직원의 수 증가라는 결과를 가져오지 않는다는 연구도 있고, 쿼터를 지정하면 쿼터만큼만 채우려고 해서 오히려 그 이상을 넘어서지 못하게 되는 제약이 될 수 있다는 단점도 있다. 그러나 양적인 쿼터를 어느 정도 채우는 작업이 초반에는 필요하다는 점 또한 분명하다.

조직 내에서 형평성은 채용과 유인 과정부터 시작해 승진과 임금 인상 및 복지 혜택 등에서 여러 가지 구체적인 조치를 통해 일굴 수 있다. 물론 사람들이 가지고 있는 무의식적인 편향(bias)과 정형화(stereotyping)는 교육을 통해 일시에 없앨 수 없고, 많은 부분 인간의 뇌가 그렇게 작용하는 부분이 크기 때문에 직원 교육 몇 번으로 사람들의 사고방식을 바꾸려 하기보다는 조직적인 접근으로 사람들의 태도와 행동을 교정하는 것이 훨씬 바람직하다. 즉 차별과 편향은 개인적일 수 있으나, 이에 대한 대응과 조치는 조직 차원의 제도와 정책으로 일어나야 한다는 뜻이기도 하다.

일개 조직 내에서의 형평성 문제는 결국 소속감 (belonging)의 문제로까지 이어진다. 이는 다양성 인정과 포용적인 조치로 형평성을 이루게 되었을 때 한 조직이 일구게 되는 공동체 의식이라고 할 수 있다. 그리고 한 조직에서 근본적인 제도적 개선이 지속되어 더 이상 기울어진 운동장을 고려할 필요가 없는 정의가 이루어졌다고 볼 수 있다. 이는 일개 조직 이슈를 떠나 모든 조직에서 형평성이 이루어졌을 때 정의로운 사회가 이루어졌다고도 할 수 있다.

2) 불평등은 우리 주변에서 어떻게 일어나고 있을까?

다음 페이지 위의 그림은 미국 흑인과 백인의 평균수명이다. 백인 남성이 평균 76.4세까지 사는 반면 흑인 남성은 71.9세까지 살고, 백인 여성이 81.2세까지 사는 반면 흑인 여성은 78.5세의 평균수명을 보이고 있다.

그 아래 2020년 기준 미국의 자가주택자 비율을 보면, 평균 65.3%에 백인만이 평균을 상회해 자가주택을 소유하고 있고, 흑인은 44%로 가장 낮은 자가주택 소유 비율

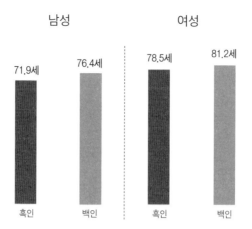

남성		여성	
71.9세	76.4세	78.5세	81.2세
흑인	백인	흑인	백인

자료: Centers for Disease Control and Prevention[15]

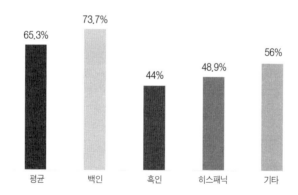

65.3%	73.7%	44%	48.9%	56%
평균	백인	흑인	히스패닉	기타

자료: U.S. Census Bureau[16]

을 보여주고 있다. 즉 미국에서 흑인은 가장 적게 벌고, 수명도 짧다는 뜻이다. 불평등, 특히 인종 간 불평등은 이렇게 수치에 여실히 드러난다.

한국의 경우 여성에 대한 불평등이 기업과 관련해서는 가장 두드러진다. 일례로 한국은 30년째 OECD 성별 임금격차(gender pay gap)가 1위인 국가이다. OECD 자료를 인용한 2022년 6월《중앙일보》기사를 보면 남녀 간 임금격차는 31.5%로 OECD 국가 중 가장 높다. 관련 통계가 집계되기 시작한 1992년부터 현재까지 늘 한국이 1위

성별에 따른 임금 격차

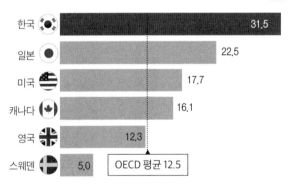

(단위: %)

한국	31.5
일본	22.5
미국	17.7
캐나다	16.1
영국	12.3
스웨덴	5.0

OECD 평균 12.5

자료: OECD[18]
주: 2020년 기준, OECD 평균은 2019년 기준

를 차지하고 있다.

소수자 집단 중 그 구성원 수가 가장 많은 집단이라고
할 수 있는 여성이 겪는 불평등은 그나마 이렇게 가시화
되어 있어서 통계로 확인할 수 있다. 하지만 다른 소수자
집단인 장애인 집단의 경우 임금격차와 같은 취업한 이
들의 문제가 아니라 기본권인 이동권을 두고 투쟁을 벌
이고 있는 실정이다. 취업을 할 수 있는지가 오히려 문제
가 되고 있다. 2020년 KBS 보도에 따르면, 우리나라 장
애인의 취업률은 35%로 전체 인구 취업률의 절반 정도
를 기록하고 있다. 장애인 의무고용제가 있으나, 대기업

기업 규모별 장애인 고용의무 미이행률

(단위: %)

자료: 한국장애인고용공단[19]
주: 2021년 기준

부터 지키기보다는 벌금을 내는 쪽을 택하고 있다. 2023년 4월 기사에 따르면, 대기업의 장애인 고용의무 미이행률이 가장 높은 67.9%에 달하고 있다.

이외에도 민족집단에 대한 불평등의 경우 조선족과 한국인의 임금격차에 대한 논의가 가능하나, 1990년대 한국 노동시장에 조선족들이 진출하기 시작한 이후 2007년대에 임금격차를 정부 정책으로 없앤 이후 임금격차는 현저히 줄어든 것으로 파악된다.

그보다 한국에서 가장 큰 문제가 되는 불평등 이슈는 대기업과 중소기업 피고용인 간 임금격차이다. 이 둘 사이의 임금격차가 무려 3배이다. KBS 뉴스에 따르면, "대규모 사업체와 중소 규모 사업체 임금 근로자의 평균 시간당 임금 차이 중 변숫값의 차이로 설명되는 격차가 49.5%, 변숫값의 차이로 설명되지 않는 격차가 50.5%로 분석된다"라고 한다. 이는 변수인 '성별, 연령, 교육수준, 경력연수, 근속기간, 정규직 여부, 근무형태, 산업, 직업, 노조 가입 여부'로 설명할 수 있는 격차는 49.5%에 불과하고, 나머지는 오로지 기업 규모에 따른 격차로 설명된다고 볼 수 있다. 다른 나라들은 대기업과 중소기업 임금격차가 미국 1.2배, 일본 1.5배, 프랑스 1.6배인 점을 감안

할 때 한국에서는 대기업과 중소기업 간의 근로 임금 차이를 줄일 필요가 절실하다는 것을 알 수 있다.

이외에도 나이 차별로 인한 불평등 관련해서는 세대 차이가 직장 내 조직문화와 관련해 주요 이슈 중 하나로 부상하고 있고, 30년 동안 변하지 않는 이른 정년(55세)은 늘어나는 평균 기대수명과 길어진 은퇴 기간에 비해 너무 이르다는 목소리들이 나오고 있다. 노인층의 빈곤이 심각한 사회문제임을 감안할 때, 기업 내에 나이 차별 역시 심각하게 검토해야 하는 문제가 아닐 수 없다.

3) 차별과 편견을 해결하기

차별과 편견에 접근하는 방식에는 미시적인 차원의 접근법과 거시적인 차원의 접근법이 있다. 미시적인 차원의 접근법은 조직의 구성원 개개인의 성향, 정확히 말하면 개개인이 가지고 있는 편향과 정형화가 조직의 관행에 미치는 영향 때문에 중요하다. 개인의 이러한 성향이 불공정하고 편향된 조직의 관행으로 그대로 이어지기 때문이다.

이러한 개개인의 성향을 이해하기 위해 우리는 인간이

본성적으로 가지고 있는 인지상의 특징들을 알 필요가 있다. 인간은 태생적으로 범주화(categorization)를 한다. 이를 사람에게도 적용해서 어떤 사람을 만나든지 그 사람은 특정 그룹에 속한 사람으로 묶어서 기억하고 정보로 처리한다. 또한 스키마(schema)는 인간의 장기 기억 안에 있는 기제로 특정한 대상들이 가진 일반적인 부분을 하나로 묶어서 같은 현상에 대한 지식의 틀로 만든다. 예를 들면 여러 마리 다른 개들을 본 사람이 개라는 공통적인 지식을 하나로 묶어서 '개'에 해당하는 인식의 틀을 만드는 식이다. 범주화는 인간이 다양하고 복잡한 정보를 효율적으로 처리하게 해주는 기제이며 우리의 인지 체계에 내재되어 있다.

사회적 범주화(social categorization)는 사람을 그 특징에 따라 여러 그룹으로 분류하는 경향을 말한다. 연구에 따르면, 인간의 뇌는 사람의 얼굴을 보면 200밀리세컨드 안에 그 사람의 인종과 성별을 파악해서 머릿속에 새긴다고 한다. 스키마는 이렇게 범주화해서 분류된 그룹의 전형적이거나 이상적인 부분을 단순화한 모델이라고 할 수 있다. 이 스키마가 있어서 우리는 개처럼 생긴 새로운 개체를 보면 머릿속에서 이 모델을 활성화시켜 과연 개인지 늑대인지, 혹은 개가 가진 일반적인 특성들이 있는지 빠르게 파악하고 대처하며 생존해왔다.

그렇다면 조직문화에서는 사회적 역할 스키마라는 것이 존재한다. 이는 특정 사회적 지위에 있는 사람에게 기대되는 일련의 행동을 말하는데, 크게 성취한 역할(achieved roles)과 배당된 역할(ascribed roles)로 나뉜다. 성취한 역할이 노력과 의지로 획득하는 역할이라면, 배당된 역할은 나이, 인종, 성별, 외모 등 타고나는 역할을 말한다. 이 배당된 역할에는 특정하게 행동해야 한다는 역할 기대가 주어지고, 이 역할들이 사람의 머릿속에 스키마로 자리 잡고 있다.

고정관념(stereotype)은 특정 범주에 속한 사람들의 외모나 행동이 이러할 것이라 기대하는 사람 머릿속의 아이디어이다. 예를 들면 〈성별 편향의 깊이를 보여주는 수수께끼(A riddle Reveals Depth of Gender Bias)〉라는 기사에서는 다음과 같은 딜레마를 인용하고 있다.[20]

> 한 부자가 끔찍한 사고를 당했다. 아버지는 현장에서 즉사했지만 아들은 병원으로 실려 갔다. 수술할 의사가 수술실에 들어오더니 외쳤다. "난 이 수술 못 합니다. 저 아이는 내 아들이요." 어떻게 이 일이 가능할까?

대니얼 카너먼(Daniel Kahneman)에 따르면, 우리 뇌에는 시스템1과 시스템2가 존재하는데, 시스템1은 본능과 직관으로 움직이며 95%를 차지하고, 시스템2는 합리적으로 움직이지만 불과 5%를 차지한다고 한다. 시스템1은 초당 1,100만 조각의 정보를 처리할 정도로 빠르고, 자동화된 무의식적인 처리 과정이지만 대신 오류에 취약하며, 시스템2는 느리고 신뢰할 만하며 논리적이지만 1초에 40~50개의 정보 조각밖에 처리하지 못한다고 한다.

문제는 인간은 인간인지라 시스템1 뇌의 영향으로 조직문화 다방면에 영향을 끼쳐서 평가 과정, 채용 및 승진 과정, 임금격차, 업무분담 관행 및 상호작용이 그 영향을 두루두루 받는다는 점이다.

2003년에 마리안 베르트랑(Marianne Bertrand)과 센딜 멀레이너선(Sendhil Mullainathan)이 한 「에밀리와 그렉이 라시샤와 자말보다 더 채용할 만한가? 노동시장 차별에 대한 현장 실험(Are Emily and Greg More Employable than Lakisha and Jamal? A Field Experiment on Labor Market Discrimination)」이란 연구가 있다. 이에 따르면, 보스턴과 시카고에 있는 신문사들에 어떤 이력서들은 에밀리와 그렉이라는 영미권 이름으로, 어떤 이력서들은 라키샤와 자말이라는 이름으로 약 5,000장의 가짜 이력서를 보낸 결과, 백인처럼 들리는 이름을 가진 이들이 흑인처럼 들리는 이름을 가진 이들보다 면접 연락을 받은 비율이 50% 더 높았다.

또 직장에서는 남성보다 여성이 비품 및 사무관리 등의 '가사일' 같은 업무를 맡을 확률이 더 높아서 회사 모임을 준비하거나, 회의가 끝나고 회의장을 정리하거나, 심부름을 하는 등 개인적으로 얻는 것도 없고, 승진에 도움이 안 되는 일이 더 많이 동원된다고 한다. 이는 여성이 존중을 덜 받고, 더 열등한 처우를 받고 있다는 실례이기도 하다.

키가 작은 사람도 키가 큰 사람에 비해 편향과 고정관념으로 인해 상대적으로 손해를 본다. 미국과 영국에서 8,500명이 참가한 연구에 따르면, 평균 신장보다 1인치가 커질 때마다 연소득이 789달러가 더 많았다고 한다. 즉 키가 큰 남자가 더 많이 벌고, 더 빨리 승진되고, 경영진이 될 확률도 높았다. 30년 직장 생활을 한다고 할 때, 키가 큰 남자는 그렇지 않은 남자보다 총 16만 6,000달러를 더 번다. 한편 키 차이로 인한 편향과 고정관념의 피해는 남성에게만 해당하지, 여성에게는 해당하지 않기도 한다.

여기에 더해 범주화 편향의 경우 같은 그룹의 구성원들끼리 편의를 봐주고 호의를 베푸는 그런 성향을 말하는데, 같은 대학 출신의 동문이기만 해도 큰 이점으로 작용하는 실례들이 많다. 하버드비즈니스스쿨의 연구에 따르면, 펀드매니저들은 고위 임원이 같은 대학 동문일 경우 더 투자를 많이 하는 경향이 있다고 한다.[21] 이는 친밀성 편향(affinity bias)이기도 하다. 또한 다른 인종 집단에 속하는 경우 다른 그룹 구성원의 이름과 얼굴도 잘 기억하지 못하는 경향이 있어서 되도록 다른 그룹 구성원들이 자주 섞이게 만드는 노력들이 필요하다. 이를 극복하기 위해서는 조직 전반에 걸쳐 구성원이 누가누가 있는지 파악하고, 업무를 함께하고 연락하는 이들이 자신과 같은 교차성을 지닌 그룹인지 점검하고, 자신의 네트워크에 적극적으로 다양성의 유형을 더하도록 여러 다양한 구성원들과 어울리는 기회를 만드는 것이 좋다.

그러나 앞에서도 말했듯이, 편향과 고정관념의 영향을 받는 부정적인 조직 관행과 문화는 단순히 구성원의 의식 교육으로 개선될 수 있는 문제가 아니기 때문에 미시적인, 다른 말로 개개인이 지닌 인식의 문제를 파악하고 점검하기 위한 의식 교육은 중요하지만, 궁극적인 변화를 위해서는 거시적인, 즉 조직 전체 차원의 전략과 운영과 집행이 필요하며 이를 통해 조직은 변화한다. 다시 말해, 문제는 개인적일 수 있지만, 해법은 조직 차원의 문제이다.

제3장

DEI와 조직문화

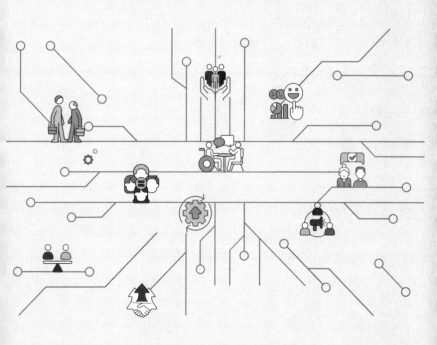

1.

DEI가 건강한 조직문화를 촉진한다

1) 요즘 조직문화 이슈는 DEI와 통한다

(1) 이직률 30% 시대, 평균 재직기간 3년 미만

2023년 6월 미국 라스베이거스에서 전 세계 기업 HR 담당자들이 모이는 SHRM 컨퍼런스가 열렸다. 인사 관련 미국의 자발적 이직률 통계를 보면 2010년 17% 선에서 2013년 20%를 넘어섰고 2016년 25%, 2019년 28% 선까지 지속적으로 상승한다. 2020년 코로나 팬데믹을 맞으며 25% 아래로 떨어졌다가 2021년 33%, 2022년 35%로 반등하며 2010년 이후 지속적으로 우상향하는 추세를 보인다.

미국의 평균 재직기간 데이터도 발표되었는데 Z세대(통상 사회 초년생인 20대)는 2년 3개월이었고, M세대(통상 30대)는 2년 9개월이었다. 직장에서 젊은 세대로 통칭되는 MZ세대의 평균 재직기간이 2~3년 이내에 있었다. 미국의 20~30대는 평균적으로 평생 동안 10번 이상 회사를 옮긴다는 해석이다. 이에 비해 기성세대라 할 수 있는 X세대는 5년 2개월로 2배 이상 길었고, 베이비붐 세대는 8년 3개월이었다.

한국의 경우는 이직률이나 재직기간 통계를 발표하는 경우가 없어 정확한 통계를 확인하기 어렵지만 현장에서 체감하는 이직률은 미국과 비슷한 30% 선이다. 평균 재직기간도 기업 내부 분위기를 보면 MZ세대와 기성세대의 재직기간 차이는 현장에서 쉽게 확인할 수 있는 부분이다. 조직 내부의 여러 현상을 분석할 때 세대 간에 차이가 확연하게 드러나고 있다.

다양성은 개인과 개인, 집단과 집단에 차이가 있다는 걸 아는 것이 출발점이다. 다양성을 인정하고 존중하며 포용적인 행동을 하여 조직 구성원이 공정함을 느끼게 하는 DEI 원칙이 강조되는 이유다.

(2) 갓생, 육각형인간, 조용한 사직 현상

『트렌드 코리아 2024』(미래의창)에서는 육각형인간을 2024 트렌드로 제시했다. 육각형인간은 외모, 직업, 자산, 학력, 집안, 성격 모든 면에서 완벽함을 추구하는 2030 젊은 세대의 트렌드를 말한다. 다만, 육각형인간을 현실에서 좌절한 젊은 세대가 불가능에 가까운 목표를 세워 자신의 부족함을 합리화하려는 부정적 현상으로 묘사하고 있다.

하지만 이것을 굳이 부정적 현상이라고 정의할 필요는 없다고 본다. 젊은 세대가 중요하게 생각하는 가치관의 요소라 할 수 있다. 물론 외모와 같은 경우는 타고난 면이 있어 노력해서 극복되는 게 아니라고도 하지만 방법이 없는 것은 아니다. 조각 같은 외모는 아니라도 노력해서 만든 근육질 탄탄한 건강한 외모도 좋은 외모다. 그래서 요즘 젊은 세대들은 피트니스가 아니라 고가의 전문적인 PT(Personal Training)도 열풍이다. 학력도 전문대를 나와 사이버대학을 거쳐 대학원에 진학하거나, 자기가 나온 대학보다 이름난 대학의 대학원에 진학하거나, 석사·박사를 취득하는 노력을 통해 해결하기도 한다. 청약에 가입하는 것은 기본이고 다양한 자산 투자 방법을 배워

부동산, 코인, 증권에 투자하는 젊은 세대도 많다.

좋은 직장을 찾아 회사를 옮기는 현상은 '대이직 시대'라는 용어로 표현되고 있다. 책을 읽고 유튜브를 보며 세상을 배우고 마음가짐을 새롭게 하고 MBTI에 열광하며 나를 알고 타인을 이해하려고 노력하는 것이 젊은 세대들의 노력이다. 물론 모든 사항을 육각형에 맞춰 미화할 필요는 없다. 다만, 긍정적인 시각에서 보면 이렇다는 얘기다.

2030 젊은 세대의 트렌드 중 주목할 부분은 '갓생'(신과 같은 삶) 현상이다. 갓생은 가장 모범적인 삶을 사는 것을 말한다. 갓생은 매일매일을 끊임없이 노력하는 최고의 모습을 만들고 도전하는 것이다. 이것마저도 인생을 뒤집기 어려운 세태를 반영했다고 부정적으로 보는 시각도 있지만 최선을 다해 노력하는 삶을 부정적인 시각으로 볼 필요는 없다. 오전 5시에 일어나 책 읽기, 오전 6시에 수영하고 출근하기, 점심시간에 회사 주변 걸으면서 힐링하기, 하루 1만 보·2만 보 걷기, 퇴근 후 취미생활이나 사교모임 정기적으로 참여하기, 저녁에 잠들기 전에 2시간 외국어 공부하기 등 자기가 할 수 있는 최선의 노력을 하겠다는 갓생을 실천하는 젊은 세대가 많다. 그리고 그런 삶

을 갓생이라고 추앙한다.

그런데 문제가 있다. 조용한 사직 현상이다. 2021년 갤럽이 조사한 업무에 몰입하는 직원의 비율(직원 몰입도)이 미국 34%, 글로벌 21%, 한국 12%였다. 퇴직을 하는 것은 아니지만 자기에게 주어진 최소한의 일만 하겠다는 '조용한 사직'이 광범위하게 기업에 확산되어 있다. 갤럽의 추정은 50%였고 한국 기업 인사 담당자에게 조사한 결과도 50%를 상회했다. 열심히 일하는 직원이 절반은 된다는 수치라고 해석해도 되지만 절반 수준의 직원이 조용한 사직이라면 걱정할 일이다. 조용한 사직은 기업의 성과를 떨어뜨리고 개인의 성장도 막는 좋지 않은 현상이다.

뭔가 이상하지 않은가? 육각형인간의 요소에 직업적 성취가 있고 갓생은 하루하루 최선을 다해 모범적 삶을 사는 것인데 조용한 사직이라니. 조용한 사직 현상은 객관적으로 2030 젊은 세대에게 두드러진 특성이기도 하다. 갓생, 육각형인간과 조용한 사직은 양립하기 어려운 것 같은데 동시적으로 나타나는 이유는 무엇일까? 이유는 생각보다 단순하다. 조직보다는 개인을 우선에 두는 현재의 세태에서 현재 재직하고 있는 회사에서의 '직업적 성취'가 포기되면 조용한 사직과 같은 모순된 현상이 표출될 수 있다. 대이직, 갓생, 육각형인간, 조용한 사직 등 기업 내부의 여러 현상은 다양성과 관련이 깊다. 그리고 다양성은 조직문화에 영향을 미친다.

2) 조직문화가 중요한 시대

(1) 조직문화는 행동과 분위기다

기업에서 활동하는 사람은 대부분 조직문화가 중요하다고 말한다. 경영자, 임원, 팀장, 팀원 구분이 없다. 청년세대, 기성세대 가릴 것 없이 조직문화가 중요하다고 한다. 그런데 조직문화가 무엇이냐고 물으면 정확한 답변을 못 한다. 조직문화는 구성원의 일반적 행동과 조직의 전반적 분위기라고 정의한다. 구성원의 행동, 조직의 분위기를 말한다. 행동과 분위기가 기업의 성과에 영향을 미치고 구성원이 행복에 영향을 미친다.

최근 기업에서 직원들에게 발생하는 갈등을 보면 출퇴근 시간, 회식 참여, 연차 사용, 육아휴직, 복장 등 전반적인 영역에서 발생한다. 차이에는 젠더, 인종, 장애, 종교, 성정체성, 나이 등 다양한 차원이 있지만 한국의 경우는 나이와 관련된 세대 다양성 이슈가 지배적이라고 할 수 있다. 획일적으로 일반화하기 어렵지만 현상적으로 젊은 세대는 출퇴근 시간, 회식 참여, 휴가 사용, 복장 등에서 기성세대와 차이를 보인다.

이런 부분이 구성원의 일반적인 행동 차이다. 이런 행동에 대해 조직이 포용적인가, 배척하는가를 보여주는 것이 조직의 전반적 분위기다. 행동과 분위기가 성과에 도움이 되고 구성원의 행복에도 도움이 된다면 좋은 조직문화라 하고 그렇지 않으면 나쁜 조직문화라고 평가한다. 다양성, 공정성, 포용성 이슈는 조직문화에 강한 영향을 미친다.

(2) 조직문화를 개선하고 혁신하려면

조직문화의 아버지라고 불리는 MIT 경영대학원 에드가 샤인(Edgar Schein) 교수는 조직문화 피라미드라는 이론으로 조직문화의 요소를 설명하였다. 조직문화의 바탕에는 구성원 누구나 옳다고 생각하는 집단적 가정(Embedded Assumptions)이 존재한다. 구성원과 조직의 사고와 행동, 의사결정, 문제해결, 일하는 방식 등에 대해 당연하다고 믿는 암묵적인 가정이다.

다음 영역은 표출하는 가치(Espoused Values)인데 기업에서는 미션, 비전, 핵심가치 등 가치관을 외부로 표출하는 가치를 의미한다. 맨 위 단계는 인공물과 행동(Artifacts & Behaviors)인데 인공물은 기업이 만든 일하는 방식, 제도, 관행으로 반복적으로 표출되는 사고와 행동, 제도를 말한다. 구성원의 복장, 출퇴근, 휴가, 회식, 호칭, 일하는 방식 등 외부적으로 보이는 것들이다. 집단적 가정, 표출하는 가치, 인공물과 행동이 밖으로 보이는 것이 조직문화이고 문제가 되는 것을 고쳐가는 것이 개선과 혁신이다.

(3) 일의 즐거움, 일의 의미, 일을 통해 성장한다는 믿음이 좋은 성과를 만든다

사람들이 어떤 동기를 가지고 일하느냐는 성과에 중요한 영향을 미친다. 성과 향상을 위해 기업은 동기 부여에 대한 고민을 많이 했다. 동기에는 내적 동기와 외적 동기가 있는데 외적 동기가 단기적 실적에 도움이 될 수 있지만 성과에 도움이 되지 않는다는 것이 결론이다. '결과가 좋지 않은 당신을 보는 상사나 동료나 구성원들이 당신을 어떻게 생각하겠나?', '그러다가 급여가 줄거나 회사에서 쫓겨나 경제적 어려움을 겪으면 어떻게 하겠나?'와 같은 정서적 압박감과 경제적 압박감은 도움이 되지 않는다.

이러한 동기는 개인이나 조직의 성장이 아닌 어떻게든 불안한 현실을 모면하고 싶게 만든다. 결국 일의 성과나 개인의 성장이 아닌 불편하거나 불안한 현실을 모면하고 싶게 만드는 것이다. 반면 위기를 조장하지 않고 성과를 창출하게 한다는 것은 구성원이 일에 대한 즐거움을 느끼고, 일의 의미에 대해 공감하고, 일을 통해 개인의 성장을 추구하게 하는 것이다. 이것은 온전히 업무 자체와 개인의 성장을 자극하는 것으로서 일과 직접적으로 관련된 동기, 즉 직접 동기를 자극하는 것이다.

특히 일에 대한 즐거움과 일의 의미를 공감하는 것은 위기 환경에서 발생하는 예측 안 되는 변수에 능동적으로 대응하여 성과를 창출하게 만든다. 일의 성과와 개인의 성장에 동기 부여되는 것이다. 전 맥킨지 컨설턴트 출신인 닐 도쉬(Neel Doshi) 등은 이것을 총동기지수라는 지표로 만들어 실증분석한 결과를 『무엇이 성과를 이끄는가』(생각지도)라는 책으로 소개했다. 글로벌 1위 기업인 애플스토어, 스타벅스, 홀푸드 등 조직의 총동기지수(25점 내외)는 경쟁사의 총동기지수(10점 내외)보다 월등히 높은 것으로 나타났다. 일의 즐거움, 일의 의미, 일을 통한 성장과 같은 좋은 동기가 발현되기 위해서는 환경적 뒷받침이 되어야 하는데 다양성, 공정성, 포용성은 좋은 동기를 일으키는 데 기반이 되는 요소이다.

3) DEI와 좋은 조직문화의 관계

(1) DEI는 건강한 조직문화를 만드는 방법이다

'꼰대문화'는 나쁜 조직문화를 상징하는 표현이다. 요즘은 많은 기업이 복장 자율화를 하고 있다. 금융기관이나 관공서와 같이 직접적인 고객 서비스를 하는 회사조차도 슈트에 넥타이를 착용하는 정장 차림을 하지 않는다. 여름철에는 쿨비즈(Cool-biz)라고 하여 좀 더 자유로운 복장을 하고 일한다. 그런데 일부 회사에서 쿨비즈 논쟁이 있다. 반바지, 슬리퍼, 나시티와 같은 복장 허용 여부이다. 반바지까지는 허용하지만 슬리퍼나 나시티는 허용하지 않는다. 그런데 일부 회사에서는 반팔 카라티는 되지만 라운드티는 허용하지 않는 기업이 있다. 직원들의 반발이 크다. 대다수 젊은 세대는 카라티는 되고 라운드티는 허용되지 않는 이유를 공감하지 못한다.

사람들의 관점이 다른데 일방적으로 주장하고 배척하는 것을 꼰대문화라고 한다. 요즘 대부분 기업은 주 40시간 근무를 한다. 유연근무제를 통해 오전 8~10시 사이에 자기에게 맞는 출근시간을 정하고 8시간 근무하는 제도이다. 어린 자녀를 키우는 부모나, 아침에 일어나는 것이 어려운 직원들은 늦은 출근을 선호한다. 다양한 조건을 가진 사람들을 이해하고 포용하려는 노력이다.

(2) DEI 조직문화가 조직효과성과 조직시민행동을 높인다

조직문화가 좋다고 하여 경영성과에 직접 도움을 주는 것이 아니다. 조직문화가 직접적으로 재무적 성과나 비재무적 성과를 올리는 것이 아니다.

경영학의 조직이론에서는 조직효과성이라는 개념이 있다. 기업이 고유의 목적과 목표를 달성하기 위해 얼마나 효과적인가를 보여주는 개념이 조직효과성이다. 효과적인 조직은 명확한 목표와 전략을 마련하고 있고 효율적인 시스템을 가지고 있어 일한 만큼 내지는 일한 것 이상의 성과를 내야 하고 직원들이 열심히 일할 수 있는 조직문화와 환경이 조성되어야 한다.

이런 환경이 갖춰지면 직원들은 조직에 만족하고 조직

에 몰입하게 되어 업무성과를 내고 경영성과에 기여하게
된다는 것을 표현하는 게 조직효과성이다. 즉 조직효과
성은 조직만족, 조직몰입을 기본요소로 한다. 여기서 조
직만족이란 조직에 대해 가지는 긍정적인 느낌과 감정을
말하고, 조직몰입은 직원들이 조직과 조직의 목표에 헌신
하는 정도를 말한다. 기업의 목적과 목표를 달성하는 데
효과적인 조직이 되기 위해 조직만족과 조직몰입을 높여
야 한다. 기업은 이를 위해 직원 복지에 노력을 기울인다.
직원 복지는 기업이 직원에 대해 헌신하는 것이다. 직원
들에게 신체적·정신적 건강을 지원하는 활동이다.

다음으로 기업에서 구성원의 활동은 의무사항을 지
키는 것만으로는 부족하다. 의무적으로 요구되는 행동
은 아니지만, 자발적이고 이타적인 행동을 해야 한다.
공식적인 보상이 없이도 구성원이 조직의 이익을 높이
기 위해 하는 일련의 행동이 있다. 구성원 간에 지지, 연
대, 협력이 여기에 해당한다. 경영학에서는 조직시민행동
(Organizational Citizenship Behavior)이라고 표현하는 개념으
로 동료를 돕고 조직의 발전이나 이미지 향상을 위해 행
하는 모든 행동을 말한다. 동료를 돕고 조직의 발전이나
이미지 향상을 위해 노력하는 데에 필요한 것은 자기 자

신이 이해받고 배려받고 있다는 생각이 들어야 한다. DEI 는 구성원의 자발적 조직시민행동에 기반이 되는 환경 이다.

(3) 일하는 방식, 소통 방식, 업무 환경과 직원 대우를 DEI에 맞게 바꾸자

조직문화를 DEI에 맞게 바꾸는 노력이 필요하다. 그렇 다면 그 영역은 어떻게 되는가? 구성원의 행동과 조직의 분위기는 세 가지 영역에 적용된다.

첫째, 일하는 방식이다. 일하는 방식이란, 업무 환경에 서 조직의 목표 달성을 위한 공식적인 절차와 방법, 관행 화된 습관이라고 정의할 수 있다. 공식적인 절차와 방법, 관행화된 습관에 문제가 있을 때 이것을 바꾸는 것을 일 하는 방식의 개선 또는 일하는 방식의 혁신이라고 말한 다. 일하는 방식이 다양성을 존중하고 포용적인 행동을 장려하고 공정성을 구현하고 있는지 점검해야 한다.

둘째, 소통 방식이다. 소통 방식이란 영역으로 설명할 수 있다. 직급 간, 세대 간, 직종 간, 성별 간, 본사와 사무 소 간 등 다양한 조건을 반영하고 포용하려는 노력이 있 는지 점검해야 한다.

셋째, 업무 환경과 직원 대우이다. 제법 규모가 있는 사무실이라면 여직원 휴게실을 가지고 있다. 이는 모성 보호 등 여성에 대한 포용적 노력의 결과이다. 그런데 요즘 많은 기업에 남직원 휴게실의 필요성이 제기되고 있고 만들어지고 있는 추세다. 직원 복지 부분도 많은 변화가 있다. 기업 복지제도는 시대와 환경의 영향을 받는다. 사람들의 행복에 대한 기준이 바뀌기 때문이다. 배고플 때는 풍요로움이 중요하지만 배부를 때는 질을 따지고 질이 받쳐주면 만족도를 원하게 된다.

사람들이 사는 환경도 바뀌었다. 행정안전부가 발표한 2020년 말 기준 세대별 주민등록 통계를 보면 1인 가구가 906만 3,362세대로 39.2%를 차지한다. 우리나라에서 가장 많은 가구 형태이다. 후진국 시대 가장 많은 가구 형태인 4인 가구는 20.0% 비중으로 3위이고 중진국 시대 가장 많은 가구 형태인 3인 가구는 17.4%인 4위이다. 일반적으로 부부만 사는 2인 가구가 23.4%로 두 번째로 많다.

요즘 기업 내부적으로 관심 있는 이슈인 MZ세대의 비중도 회사에 따라 차이는 있지만 일반적으로 60~70%를 차지하고 있다. 기업 복지제도도 이런 시대와 환경 변화를 반영해야 한다. 다양성, 공정성, 포용성은 시대가 요구하는 핵심가치로 복지제도에도 이런 요소들이 고려되어야 한다.

2.

DEI 조직문화가 일하기 좋은 기업의
글로벌 표준이다

1) 미국 글래스도어 만족도 평가의 핵심,
다양성과 포용성

(1) 글래스도어

DEI는 직원들의 채용과 유지에 중요한 영향을 미친다. 인구가 줄고 이직률이 높아지면서 기업이 직원을 뽑는 게 어려워지고 있다. 구직자들은 입사를 희망하는 기업의 상세한 정보를 파악하기를 희망하고, 기업은 좋은 인재를 뽑기 위해 회사의 장점을 알려야 한다. 이제는 회사가 공고를 올리고 구직자들이 검색하여 입사를 지원하는 방식은 거의 사라졌다. 구직자들은 손쉽게 회사에 대한 정보를 얻을 수 있게 되었다. 기업은 자기 회사의 좋은 점과 강점을 적극적으로 홍보하지 않으면 사람 뽑기가 어려워졌다.

미국의 글래스도어(Glassdoor), 한국의 잡플래닛과 같은 온라인 커뮤니티는 기업의 내부자만 알 수 있는 정보를 누구나 알 수 있게 만들었다.

(2) 글래스도어의 영향력

글래스도어는 2007년 미국에서 설립된 기업평가 사이트로 전 세계 190여 개 국가, 100만 개 이상의 기업에 대한 정보와 매월 1억 명이 넘는 사용자가 방문하는 세계 최대 글로벌 기업평가 플랫폼이다. 글래스도어는 기업 내부 직원들이 해당 회사를 여섯 가지 영역에서 5점 만점으로 평가한 결과가 일체 편집이나 가감 없이 공개되는 것이 특징이다. 매년 1월 최고의 기업 Top 100을 발표하는데 그 결과를 많은 언론이 기사화하고 높은 평가를 받은 기업은 회사 홍보에 적극적으로 활용할 만큼 영향력이 높다.

글래스도어는 2018년에 일본 리크루트 HR이 11억 달러에 인수했는데, 2023년 기준으로 기업가치가 150억 달러(한화 약 20조 원)로 추산될 만큼 영향력이 크다. 글래스도어는 직장 내 구성원의 대화를 위한 활발한 커뮤니티로서 전 세계 사람들이 좋아하는 일자리와 회사를 찾을 수 있도록 돕는 것을 미션으로 하고 있다. 글래스도어의 운영은 완벽에 가깝게 급진적인 투명성을 추구하고 있다.

최고의 직장을 선정하는 《포춘》 등 다양한 기관의 평가가 해당 기업이 신청하고 전문가들이 평가하여 순위를 매기는 것과 비교하여 글래스도어는 기업 내부의 전현직 직원의 자발적인 평가를 자동으로 취합하는 방식이다. 이들은 자신들의 커뮤니티 서비스를 통해 차별, 임금격차, 유해 작업 환경 등 다양한 장벽을 허물고 사람들이 자신을 사랑해주는 직업을 찾도록 필요한 지원과 자원을 제공하겠다는 명확한 목적을 가지고 있다. 이들은 구직자에게는 자신이 원하는 기업을 찾게 하고, 재직자에게는 자기가 겪은 직장 경험을 외부에 제공함으로써 조직문화를 좀 더 나아지도록 한다.

기업에는 최고의 인재를 찾고 유지할 수 있도록 기업의 이야기를 형성하고 공유할 수 있게 하고 있다. 결국 기업과 직원 간의 정보 격차를 줄임으로써 기업과 직원이 대화하고 경청할 수 있는 커뮤니티 기능을 하는 것이다.

(3) 글래스도어 평가 기준

글래스도어는 여섯 가지의 평가 기준에 기업 내부 전현직 직원이 1~5점으로 수치화된 평가를 입력하게 되어 있다. 문화와 가치, 일과 삶의 균형, 경영진, 보상 및 혜택, 성장과 경력 기회, 그리고 다양성과 포용성이 평가 기준이다.

글래스도어와 같은 기업평가 사이트가 중요한 이유는 개인이 아무런 제안 없이 평가를 할 수 있고 그것이 즉각적으로 기업의 평점에 반영된다는 점이다. 통제되지 않는 개인이 기업을 평가하고 누구나 그 결과를 볼 수 있다는 것은 기업에게는 상당한 리스크다. 물론 잘하는 기업에게는 엄청난 기회다. 미국 기업에 DEI는 구직자들이 이 기업의 기업문화를 평가하는 데 중요한 평가 기준이 된다.

2) 미국의 일하기 좋은 기업과 DEI

(1) 미국의 일하기 좋은 기업 랭킹

2023년 글래스도어 발표 최고의 직장 상위 10대 기업에는 베인앤컴퍼니(3위), 맥킨지(4위), 보스턴컨설팅그룹 (7위) 등 컨설팅 회사 3곳이 포함되었다. 세계 3대 컨설팅 기업이 모두 포함되었는데 대형 컨설팅사는 전문가 집단 에 걸맞게 높은 급여와 대우, 선명한 가치, 자율적인 근무 등 강점이 커 수년 동안 최고의 직장에 포함되고 있다.

각광받는 빅테크(BigTech) 기업 중에는 세계적인 영향 력을 행사하는 반도체 기업 엔비디아(5위)와 구글을 운영 하는 알파벳(8위)이 포함되었다. 빅테크 기업은 직원 대 우, 근무 환경 면에서 높은 조건을 유지하는 선도기업이 므로 특별한 사항은 아니다.

이외에 게인사이트(1위), 박스(2위), 매스웍스(6위), 서비 스나우(9위) 등 IT 기업과 외식 체인 인앤아웃버거(10위) 가 포함되었다. 생소한 이름인 게인사이트와 매스웍스는 1,000명 기업이지만 상대적으로 규모가 작은 회사로서 등락폭이 큰 기업이라 대표성은 작은 편이다.

(2) 잘나가던 빅테크 기업 중 빠진 회사

빅테크 기업 중에서는 최근 5년간 Top 100 순위에 있던 애플과 메타가 100위권 밖으로 밀려났다. 애플은 2019년 71위, 2020년 84위, 2021년 31위, 2022년 56위로 준수한 평가를 받고 있었으나 빠진 것이다. 대표적인 이유는 '재택근무를 중단하고 사무실로 복귀하라'는 메시지로 직원들의 인심을 잃은 것에 기인한다.

페이스북에서 사명을 변경한 메타는 2019년 7위, 2020년 23위, 2021년 11위, 2022년 47위 등 높은 평가를 받았으나, 순위를 매기지 않는 100위 권 밖으로 밀려났다. 가장 대표적인 이유는 메타버스 사업이 부진하며 1만 1,000명의 직원에 대한 갑작스런 해고가 영향을 미친 것으로 보고 있다.

(3) 상위권 배치 기업의 다양성과 포용성

글래스도어가 발표하는 최고의 직장은 순위와 함께 직원들이 회사를 평가하는 주관적 의견이 함께 공개된다.

1위 게인사이트에는 "직장 다양성은 제가 일했던 다른 어느 곳보다 훨씬 높습니다. 예전에는 별로 중요하지 않다고 생각했는데 막상 경험해보니 정말 인상적이었어요", 5위 엔비디아에는 "회사의 문화, 다양성, 복리후생 및 보상 측면에서 제가 일해본 곳 중 단연 최고의 곳 중 하나입니다", 8위 알파벳에는 "지난 3~4년 동안 구글은 더욱 평등하고 다양하며 포용적인 직장이 되기 위해 중요한 노력을 기울여왔습니다. 직원들이 자신의 의견을 표현할 수 있어 회사 문화 전반을 개선하는 데 도움이 됩니다", 9위 서비스나우에는 "여기에서는 직원과 그들의 건강에 중점을 두는 것이 최우선이며, 이는 다양성, 포용성 및 소속감을 개선하기 위한 강력한 헌신과 함께 가장 유연한 업무 경험을 제공하려는 노력에 반영됩니다"라고 표현되어 상위 10대 기업에 대한 핵심적인 설명 중 무려 4개사에 DEI 관련 사항이 표현되고 있다.

다양성과 포용성에 대한 평가를 보면 미국의 평균 기업이 3.5점 수준인 데 비해 게인사이트 4.6점, 박스 4.6점, 베인앤컴퍼니 4.4점, 맥킨지 4.3점, 엔비디아 4.4점, 구글 4.3점 등 미국의 일하기 좋은 기업의 다양성과 포용성에 대한 직원 평가는 높은 수준이었다.

3) 한국의 일하기 좋은 기업의 다양성과 포용성

(1) 한국의 글래스도어 잡플래닛

미국에 글래스도어가 있다면, 한국에는 ㈜브레인커머스가 운영하는 잡플래닛 사이트가 있다. 잡플래닛 메인 화면에는 "모든 사람들에게 천직을 찾아줄 때까지"라는 슬로건이 보인다. 글래스도어에 비해 규모가 크지는 않지만 유사한 기능이 적용되고 있다. 글래스도어는 3.5점을 평균적인 수준으로 본다. 잡플래닛 평점은 5점 만점은 동일하다. 2.4점 이하는 낮음, 2.5~3.3점은 보통, 3.4점 이상이면 높음으로 평가하는 것이 일반적이다.

한국에는 최고 수준의 기업이 네이버(4.0점), 삼성전자(3.8점), 현대자동차(3.8점), 카카오(3.8점)인데 글래스도어 Top 100의 100위가 4.4점으로 한국 직장인들의 평가가 미국 직장인에 비해 박하다고 볼 수 있다.

(2) 잡플래닛 평가에는 다양성과 포용성이 없다

잡플래닛의 기업평가 항목은 복지 및 급여, 업무와 삶의 균형, 사내 문화, 승진 기회 및 가능성, 경영진이다. 글래스도어 기준은 문화와 가치, 다양성과 포용성 평가, 일과 삶의 균형, 경영진, 보상 및 혜택, 성장과 경력 기회 등 여섯 가지로 잡플래닛의 기준과 4개가 동일하다. 글래스도어의 문화와 가치, 다양성과 포용성을 잡플래닛은 사내문화로 묶고 있다고 볼 수 있다. 미국은 문화적 측면에서 기업이 표출하는 가치, 다양성과 포용성을 구체적으로 표현하는 데 비해 한국에서는 크게 강조하지 않는 것이다.

이것은 잡플래닛 서비스를 위해 가장 중요한 벤치마킹 대상이 글래스도어였는데 당시 한국의 기업 분위기에서 다양성과 포용성은 주요한 관심사가 아니었던 것을 반영한 것으로 보인다. 한국에서 MZ세대에 대한 관심이 커진 2010년대 후반부터 이들이 사회의 주류로 떠오르면서 기업과 정치권, 언론 등 다양한 분야에서 MZ세대와 세대 이슈에 관심을 가졌기 때문이다.

(3) 한국에 불어오는 DEI 강풍

한국의 기업문화에서도 DEI에 대한 관심이 고조되고 있다. 한국에서 DEI에 대한 관심이 높아진 배경에는 크게 두 가지가 있다. 첫째는 MZ세대에 대한 이슈의 등장이다. MZ세대는 다양성과 포용성에 대한 인식이 강한 세대이다. 이들은 자신의 개성과 가치관을 중시하고, 타인의 차이를 존중하는 경향이 있다. 이에 따라 기업과 사회는 MZ세대의 요구에 부응하기 위해 DEI에 대한 관심을 높이기 시작했다.

둘째는 글로벌 트렌드의 영향이다. 미국이나 유럽에서 시작된 트렌드가 한국에 전파되는 것은 실시간에 가깝다. 미국과 유럽 등 선진국에서는 이미 DEI가 기업의 경영전략으로 자리 잡고 있다. 글로벌화된 한국 기업들도 글로벌 경쟁력을 강화하기 위해 DEI에 대한 관심을 높이고 있다. 2020년부터 한국에서도 DEI에 대한 논의가 시작되었다. 여기에 2021년부터 기업에 광풍처럼 몰아치고 있는 ESG 경영은 DEI를 대중화시키는 중요한 계기가 되었다.

3.

DEI 조직문화가 지속가능한 기업을 만든다

1) 지속가능한 기업을 만드는 ESG와 DEI

(1) 지속가능한 성장이 필요한 이유

DEI는 ESG와 밀접한 관련이 있다. 앞으로 DEI는 ESG 실천의 핵심적인 요소가 될 것이다. DEI도 어려운데 ESG 와 밀접한 관련이 있다는 말은 무슨 의미일까?

먼저 ESG에 대해 알아보자. ESG는 지속가능한 성장이 라는 말과 동의어에 가깝다. 지속가능한 성장은 '인류가 미래 세대의 이익을 해치지 않는 범위에서 현재 세대를 위한 성장을 추구한다'는 개념이다. 기업 입장에서는 당장의 이익이 아닌 미래까지 지속할 수 있는 성장을 추구하라는 의미다. 황제 같은 한 끼 식사를 하고 더 이상 먹을 게 없어 굶어 죽지 말라는 얘기다.

기업이 지속가능한 성장을 하려면 환경(Environment), 사회(Social), 거버넌스(Governance)에 대한 책임을 다해야 한다. 불타는 지구에서는 아무리 강한 기업도 비즈니스를 할 수 없다. 환경적 책임을 일깨우는 말이다. 기업의 이해관계자, 특히 내부 구성원과 호혜적인 관계를 형성하지 못하면 기업은 비즈니스를 할 수 없다. 사회적 책임을 일깨우는 말이다. 기업의 의사결정 구조가 투명하고 윤리적이지 못하면 기업은 잘못된 의사결정에 의해 생존하지 못한다. 거버넌스 책임을 말한다. ESG의 중요성은 누구나 공감하지만 이것을 어떻게 실천해야 하는지에 대해 대부분 기업이 답을 찾지 못하고 제대로 대응하지 못하고 있다. 구성원들은 말할 나위도 없다.

(2) 환경적 책임 활동

현재 기업에서 가장 관심을 많이 가지는 ESG 활동은 환경적 책임 활동이다. 탄소중립이라고 말하는 탄소 발자국(carbon footprint), RE 100(재생에너지 100%)을 많이 떠올리는데, 탄소중립은 직원이 할 일이 아니고, RE 100은 모든 기업이 해야 하는 일이 아니다. 환경적 책임 활동에서 이것부터 떠올리면 기업이 시작할 엄두도 내지 못하게 된다. 환경적 책임 활동은 환경보호를 위해 기업이 경영 활동 전반에 걸쳐 환경적 성과를 개선함으로써 경제적 성과와 함께 환경적 지속성을 동시에 추구하는 활동을 말한다.

주요 활동을 보면 탄소중립, 탄소배출 억제, 재생에너지 사용 등 기후변화 대응과 폐기물 배출 관리, 자원 재활용, 에너지 효율, 환경적 생산 활동, 환경 법규의 철저한 준수 등 환경보호를 위한 기업의 노력을 말한다. 기업은 환경적 책임 활동을 통해 지속가능한 성장과 함께 기업가치의 극대화를 달성할 수 있다고 보는 것이다. 이는 단순히 기업이 환경을 위해 노력한다는 긍정적인 이미지를 홍보하기 위한 선택이 아닌 기업의 생존 유지를 위해 반드시 실천해야 하는 필수사항이라는 의미다.

(3) 사회적 책임 활동

앞으로 기업이 관심을 많이 가져야 할 ESG 활동은 사회적 책임 활동이다. 여기에는 오해를 해소할 부분이 있다. 사회적 책임 활동은 사회봉사와 같은 사회공헌 활동만을 말하는 것이 아니다. 사회공헌 활동은 기업이 비즈니스와 관계없이 사회적 약자에 대한 자선적 책임을 하는 것이다. ESG의 사회적 책임 활동에 이 부분이 포함되는 것은 맞지만 비중은 높지 않다.

사회적 책임 활동은 크게 두 가지 영역으로 구분된다. 기업의 이해관계자에 대한 영역인 커뮤니티(Community)에 대한 책임 활동과 내부 구성원(Employee)에 대한 책임 활동이다. 사회적 책임 활동은 CSR(Corporate Social Responsibility, 기업의 사회적 책임)과 CSV(Creating Shared Value, 공유가치 창출)를 포괄하는 이해관계자에 대한 법적·경제적·윤리적·자선적 책임과 함께 내부 구성원에 대한 투자와 성장 지원 영역을 포함하는 개념이라는 사실을 이해하고 실행계획을 세워야 한다.

(4) 거버넌스 활동

거버넌스 활동은 용어의 정의부터 새롭게 해야 할 영역이다. 일반적으로 ESG 중 Governance를 '지배구조'라고 부르고 있다. 지배구조를 영어로 표현하면 'Rule Structure'인데 'Governance = Rule Structure'는 성립

될 수 없는 등식이다. 용어가 잘못 사용되면 정의가 틀리게 되고 엉뚱한 활동이 될 수 있다. 비영어권인 우리나라에서는 Governance를 '지배구조'로 사용하다 보니 거버넌스가 이사회 구성, 사외이사 선임, 감사제도와 같은 제도적인 측면이 전부인 것처럼 잘못 알려져 있다. 지배구조가 거버넌스 영역의 요소 중 하나인 것은 맞지만, 지배구조가 거버넌스 전체를 대체하는 것은 아니다.

영어 표현이 어렵다면 '의사결정 투명성과 구성원 참여' 또는 '투명경영' 정도가 적당한 표현이다. 거버넌스 영역은 그 폭이 넓고 조직과 구성원에 미치는 영향도 직접적이다. 거버넌스의 주요 영역은 의사결정 구조의 건전성, 정보공개 투명성, 리더십, 조직문화, 준법·윤리경영 등이다.

(5) ESG 대응이 어려운 이유

한국에서 ESG가 큰 관심을 일으킨 시기는 2021년이다. 특히 ESG의 요소 중 환경(Environment)에 대한 관심에 집중되었다. 그 이유는 ESG의 목표가 2030년까지 지구 온도를 1.5도를 넘기지 않는 것에 집중되었고, 미국과 유럽 선진국의 수출 규제 등 조치가 대부분 환경에 집중되었기 때문이다. 그래서 한국의 ESG 대응은 80% 이상이 환경적 책임 활동을 중심으로 이루어졌다.

하지만 글로벌 환경은 사회적 책임을 지속적으로 강조해왔다. 우리 기업도 사회적 책임에 관심을 기울여야 하는 시기가 되었고, 사회적 책임에서 절반 정도 되는 비중이 기업 내부 구성원에 대한 부분이다. DEI는 기업 내부 구성원에 대한 부분의 핵심적인 부분이다. 거버넌스는 연구도 부족하고 정책적인 부분도 미진한 부분이다.

2) 사회적 책임의 실행 방법, DEI 실천

(1) ESG에 최선을 다하는데 낮은 평가를 받는 이유, DEI

글로벌 기업, 글로벌 기업의 협력사, 상장회사들은 대부분 ESG 평가를 받고 있다. 높은 수준의 기업은 이사회에 ESG 위원회를 구성하고 있고 전담 부서를 두거나 전담 인력을 두고 대응하고 있다. 일정 규모 이상 되는 기업은 지속가능보고서 발행 의무도 있다. 나름 모르는 것을 배워가며 ESG 평가에 대응하고 있는데 삼성, SK, 현대차 등 글로벌 초대기업을 제외하고 대부분 기업이 평가에 애를 먹고 있다. 그 원인 중에는 아직 충분히 성숙

하지 않은 ESG 평가기관의 들쑥날쑥한 평가 기준의 문제도 있지만 사회(Social) 영역에서 좋은 평가를 받지 못하는 것도 한몫하고 있다. 여성 인력 채용, 장애인 고용, 청년세대 지원 등 기업 내부 구성원에 대한 책임 영역에서 높은 평가를 받지 못하고 있다. 이 부분이 다양성과 포용성 영역이다. DEI 영역에 대응하지 못하면 ESG의 사회 영역에 대한 대응이 안 된다.

(2) ESG 평가의 DEI 지표

ESG 평가의 사회 영역은 크게 이해관계자 영역과 내부 구성원 영역으로 나눠진다. 실제 평가 항목을 구분해 보면 인권경영, 채용관리, 직원현황, 인적자원 관리, 산업안전, 정보보호, 사회공헌, 협력회사의 여덟 가지 영역이다. 여덟 가지 영역에서 정보보호, 사회공헌, 협력회사 3개는 이해관계자에 대한 내용이고, 나머지 5개 요소가 내부 구성원인 직원에 대한 영역이다. 5개 요소를 중점 평가 내용으로 보면 인권경영, 채용관리, 직원현황 3개 영역이 다양성, 공정성, 포용성, 즉 DEI 영역이다. ESG 평가에서 사회 영역의 중요성이 커지고 있는 상황에서 기업이 제대로 대응한다는 것은 결국 DEI를 제대로 대응하는 것으로 귀결된다.

(3) 한국의 DEI 모범 기업

2023년 기준으로 ESG 평가 7등급에서 전 영역에 최고 등급인 A+를 받은 상위 기업은 SK, 삼성전자, KB금융, 네이버, 포스코홀딩스, 삼성물산, 신한금융, KT&G, 현대글로비스이다. 그중 SK와 삼성전자는 최상위권의 평가를 받았다. 특히 두 회사는 다양성과 포용성 관련 정책 및 프로그램을 체계적으로 운영하고 있다. 여성, 장애인, 다문화가정 등 다양한 구성원의 채용 및 승진을 확대하고 있으며, 구성원들이 다양성을 존중받고, 공정하게 평가받을 수 있는 환경을 조성하는 데 노력한 부분을 평가하고 있다.

한국 기업의 DEI 노력은 글로벌 비즈니스를 전개하는 초대기업 중심으로 활발하게 진행되고 있고 판교를 대표하는 IT 기업에서 D&I위원회 등 활동이 활발한 상태이다.

3) DEI 조직문화 어떻게 만들 것인가?

(1) 교육부터 시작하자

첫째, 국내에 소개되고 있는 초기 단계에서 기업이 DEI 를 제대로 실천하기 위한 전제는 교육이다. 교육으로 DEI 문제를 완벽하게 해결할 수는 없지만, 교육 없이 DEI 문제를 해결하는 것은 불가능하다. 기업은 구성원에게 DEI 를 이해하고 공감할 수 있는 교육을 시행해야 한다. DEI 의 필요성과 중요성을 알려주어 DEI가 특정 부서와 일부 담당자의 업무가 아니라는 사실을 이해시켜야 한다. 현재 대부분 기업은 DEI에 대한 관심에 비해 구성원들에 대한 교육이 거의 이루어지지 않고 있다.

둘째, DEI를 지속적으로 실천하려면 조직문화 차원의 관리를 해야 한다. 조직문화 차원의 관리란 구성원의 일반적인 행동과 조직의 전반적 분위기가 DEI 실천이 되어야 한다는 것이다. DEI는 구성원이 참여하여 지속적인 실천을 하는 것이 중요하므로 DEI 조직문화로 자리 잡도록 하는 것이 필요하다.

셋째, DEI 활동의 실행력을 높이려면 제도로 정착되어야 한다. DEI 조직문화를 촉진하는 제도를 만들어야 강한 힘을 발휘할 수 있다.

(2) 직원 행동규범과 리더십 원칙으로 선언하자

DEI는 실천의 영역이다. 이를 위해서는 기업의 'Code Of Conduct' 등 행동규범에 DEI 실천 행동이 담겨야 한다. 매일매일의 업무와 활동에서 DEI 요소를 실천할 수 있도록 그라운드 룰(ground rule)로 정해져야 한다. 이와 함께 리더의 행동 원칙에도 DEI가 담겨 있어야 한다.

메타의 경우 리더의 행동 원칙 10번째에 "리더는 다양성과 포용의 가치를 위해 힘써야 한다. D&I는 성과와 직결된다"라고 명확히 규정하고 원칙으로 선언하고 있다. 현대차는 '스마트 리더 10계명' 6번째에 "모든 직원을 공정하게 대하라"를 명시하고 리더십 원칙으로 선언하고 있다.

제4장

우리 조직에 D&I를 도입하기

1.

DEI 중심의 조직문화 개선을 위한 전략

DEI를 조직의 DNA에 녹이고자 한다면 슬로건이나 일회성 이벤트로는 부족하다. 우리가 하루 등산을 갔다고 해서 신체의 건강지수가 확 달라지지 않는 것과 같다. 체계적인 전략과 계획이 있어야 하며, 이것을 시행착오를 통해 개선하면서 반복적인 실행을 거듭하는 것이 답이다.

이번 장에서는 앞서 설명했던 DEI를 조직에 어떻게 적용할 것인가에 대해 알아보고자 한다.

1) 조직문화 개선을 위한 단계

DEI를 중심으로 조직문화를 개선하기 위해서는 사전 단계, 실행 단계, 사후 단계를 우선 면밀히 디자인한 이후에 실행을 해야 한다. 파편적인 이벤트가 되지 않기 위해서는 전사 목표와 조직문화 목표에 정렬(Align)된 DEI 내재화 목표를 세워야 하며, 그 목표를 달성하기 위한 프로세스를 정립해야 한다. DEI 문화를 조직에 이식하기 위해 공인된 프로세스는 아직 없다. 다만, 필자의 경험에 비추어보았을 때 다른 조직문화 개선 컨설팅 프로세스와 유사하게 ① 진단, ② 인식개선 교육, ③ 정책 수정 및 실행, ④ 평가 및 반영의 4단계로 진행하면 무리가 없을 듯하다.

이번 장에서는 우선 이 4단계 프로세스가 어떻게 진행되는지 개괄적으로 알아보고 각 단계별 세부 체크 포인트를 알아봄으로써 독자들의 조직에서도 손쉽게 실천할 수 있도록 할 것이다.

1단계인 진단(Assessment)은 모든 종류의 프로젝트, 심지어 개별 업무를 할 때도 반드시 필요한 과정이다. 업무라는 것은 특정한 과업의 변화된 상태를 의미하는 것으로서 이는 그것의 전후 상태인 As-is와 To-be가 계량적으로 측정이 가능한 수치로 존재해야만 한다. 그 사이의 차이(Gap)를 줄여나가는 것이 목표 달성의 기본으로서, 그러기 위해서는 도달해야만 하는 성과목표(To-be)도 명확하게 정의되어야 하지만 현재 나의 상태(As-is)가 객관화되지 않으면 그 차이는 측정될 수 없다.

예를 들어 체지방률을 15%까지 줄이는 다이어트를 하고자 하는 목표가 있는데 현재 체지방률이 어느 정도인지 알지 못하면 계획은 전혀 수립할 수 없다. 체지방률 35% 사람이 15%로 줄이는 것과 20% 사람이 15%로 줄이는 것은 식단이나 운동 방법, 생활 방식 등이 완전히 다르기 때문이다. 그래서 나의 현재 상태를 정확하게 아는 것이 중요하며 그것을 확인하는 과정이 바로 진단이다.

우리 조직의 DEI를 개선하기 위해서는 조직 구성원들이 다양성, 공정성, 포용성에 대해 어느 수준으로 이해하고 있는지, 이를 포함한 설문 또는 인터뷰를 통해 현재의 조직문화를 계량적으로 평가해야 한다. 이를 확인할 수 있는 방법으로는 FGI(Focus Group Interview), 1:1 인터뷰와 같은 정성평가 방식도 있지만, 시간이 오래 걸리고 계량화를 해야 하는 작업이 추가로 필요하므로 일반적인 조직에서는 5점 척도의 설문지로 서베이를 하는 정도면 충분할 것이다.

2단계인 인식개선 교육은 본격적인 개선 프로젝트에 앞서 직원들 사이에 DEI에 대한 인식과 이해를 통일하기 위해 필요하다. 예를 들어 직원 중에는 DEI에 대해 익숙하지 않거나, 처음 들어보거나, 편견 또는 반감을 가지고 있는 사람도 많을 것이다. 이렇게 각자 다른 인식을 가지고 있거나 기본적인 배경지식이 없는 상태에서 톱다운 (Top-down) 방식으로 DEI를 도입하는 프로젝트를 시작하면 대부분 그 중요성을 공감하지 못하고 수동적이 되기 쉽다. 그렇기에 DEI에 대한 동의나 호불호는 개인적으로 다를지라도 이것이 무엇이고 왜 해야 하는지에 대한 배경과 이유를 사전에 충분히 설명하는 교육은 반드시 필요하다.

이때 중요한 포인트는 크게 두 가지다. 하나는 조직의 리더가 직접 프로젝트의 의의와 중요성을 설명하고 참여를 독려하는 것이다. 어떤 종류의 프로젝트라도 리더가 관심을 가지지 않는 프로젝트는 반드시 실패한다. 하다못해 리더가 적극 참여를 장려하는 프로젝트라도 될까 말까인 경우가 허다하다. 그렇기에 경영진에서부터 DEI가 우리 회사에 얼마나 중요한 일인지를 강조하고 회사의 조직문화 전략에 어떻게 반영할 것인지를 공식적으로 이야기해주는 것은 매우 중요하다.

두 번째는 단순히 이해를 위한 세미나에서 그치는 것이 아니라 그 기본적인 내용(Fundamental)이 프로젝트의 배경이 되고 나아가 조직 내에서 행동의 기준이 되어야 한다는 점이다. 많은 조직에서 교육이 단순히 복지나 레크리에이션처럼 되는 경우가 많이 있다. 모두가 바쁜 경영 환경 속에서 요식행위와 같은 세미나는 큰 의미가 없으며, 이러한 인식개선 교육 자체가 프로젝트의 중요한 첫 과정이자 킥오프 이벤트라는 태도로 접근해야 한다.

이 교육은 단순히 이론을 전달하는 교육이 되어서는 안 된다. 이해도를 통일하는 것도 중요한 목적이지만 구성원들이 DEI에 대해 어떻게 생각하는지 그 목소리를 듣는 워크숍이 되어야 하는 것이 더 중요하다. 1단계에서 실시한 서베이가 프레임이라면, 2단계 워크숍에서 듣는 그들의 목소리는 그 프레임에 들어가는 콘텐츠다. 이를 기반으로 맞춤형 정책을 설계할 수 있는 것이다.

3단계는 정책 수정 및 실행의 단계다. 앞선 단계에서 구성원들의 출발점을 정렬하고 해야 할 일들을 파악했다면, 이제 본격적으로 현재 존재하는 회사의 조직문화 정책을 DEI 관점에서 재설계하는 작업이 필요하다. 전략이나 마케팅 분야에도 필요하겠지만 DEI 기반의 정책은 전사 전략의 한 축이 되어야 하고, 실무적으로는 인사정책에 가장 반영이 많이 될 것이다.

기존의 채용정책, 승진정책, 보상정책 등에서 DEI 관점으로 더 친화적인 조직이 되기 위해 필요한 것들이 무엇이 있는지 검토하고 새로운 정책을 만드는 과정이다. 이 단계에서는 조직의 DNA와 정렬하기 위해 리더나 HR 담당자, 구성원들과의 치열한 토론이 필요하고 전문적인 피드백을 위해 외부 전문가의 조력을 받아 함께 고민하는 것도 필요하다.

마지막 4단계는 평가 및 반영의 단계다. DEI 관점에서 리뉴얼된 새로운 정책을 추적하기 위한 지표(Indicator)들을 개발하고 관리한다. 이때 HR 담당자는 숫자도 관리해야 하지만 구성원들이 새로 적용된 정책에 대해 어떻게 생각하는지 정성적인 피드백도 최대한 많이 듣는 것이 중요하다. 그것을 통해 정책도 지속적으로 개선해야 하고 일회성이 아닌 나선형(Spiral)으로 발전하는 영속적인 정책으로 발전시키는 것이 핵심이다.

2) DEI를 고려한 조직문화 개선 전략

실제로 이러한 DEI 조직문화 개선 프로젝트를 실행한 다고 했을 때(DEI뿐 아니라 다른 대부분의 컨설팅 프로젝트가 그러하다) 가장 먼저 부딪히는 현장의 저항은 변화에 대한 저항이다. '바쁜데 왜 이런 걸 하는지…'라는 불만이 생겨 나오게 되고 그러다 보면 대부분의 직원은 '그냥 시키는 것만 하자'는 태도로 변하기 쉽다. 이런 분위기 아래서 억지로 진행해본들 회사는 리소스(Resource)만 쓰게 되고 효과는 거의 없는 '보여주기식' 이벤트로 끝날 가능성이 높다. 그렇게 되지 않기 위해 필요한 포인트들로 다음과 같은 방법들을 추천한다.

첫째, DEI를 지식으로 아는 것이 아니라 실제 조직문화에 녹이기 위한 작업의 일환으로 진행되어야 한다. 많은 조직에서 개념을 설명하고 이해도가 높아지면 현실에서 적용될 것이라 생각하지만 실제로 그런 일은 거의 일어나지 않는다. 규칙을 만들고 그 규칙이 준수되는지를 지속적으로 확인해야만 지속할 수 있다.

예를 들어 "모두 다양성을 존중합시다!"라고 말하는 것 보다는 프로젝트팀 구성 시 다양성 비중을 고려한 체크

리스트로 만들어 그 여부를 최종 결재 단계에서 판단 시 참고할 수 있도록 하는 것이다. 또 다른 예를 들자면 "우리 회사는 연령이나 학력을 차별하지 않습니다"라고 선언하는 것도 좋지만, 실제 채용 공고에 관련한 내용을 입력하는 난을 삭제하는 것도 유사한 사례로 볼 수 있다. 즉 DEI를 개념이나 이상이 아닌 실행 중심(Action-oriented)의 기준으로 삼아야 한다.

둘째, 비즈니스 목표와 일치시켜야 한다. DEI는 누가 담당해야 할까? 인사 담당자? CEO? 이 질문에 대한 답은 "DEI는 어느 부서가 담당해야 할까?"라는 질문으로 이어진다. 앞에서 설명한 바와 같이 DEI는 좁게는 조직문화 전략, 더 상위로는 인사 전략, 더 상위로는 전사 경영전략과 정렬하여 일치시켜야 한다.

DEI가 정책에 반영될 수 있도록 이해관계자들을 끊임없이 설득하는 과정이 필요한데, 그러기 위해서는 각 부서별 또는 전사의 경영전략 수립 시 DEI 목표를 더 상위의 조직 목표 전략과 일치시키는 것이 필요하다. 또한 경영목표를 세우는 관리자급 리더들에게는 DEI 사례를 제시하며 실제로 DEI가 혁신, 직원 만족도, 몰입도, 수익성에 어떠한 영향을 미치는지 보여줌으로써 이것이 부가적인 업무가 아니라 혁신을 통한 성과 개선의 강력한 도구라는 점을 인지시켜주어야 한다.

셋째, 실행 및 책임의 중요성이다. 모든 조직에서 대부분의 업무에 대해 R&R(Role & Responsibility, 책임과 권한)에 대한 고민과 갈등이 있다. 이처럼 기존에 하지 않았던 DEI 도입을 한다고 했을 때 직원들은 누가, 어떤 업무를 맡아서 해야 하는지에 대한 궁금증과 불만도 생기게 된다. 이를 위해 리더가 해야 할 일은 DEI는 인사부서나 팀 리더만이 아닌 전사 관점에서 책임을 공유해야 한다는 점을 강조해야 한다는 것이다. 모두가 DEI 목표를 향해 같은 방향을 바라보고 있어야만 목표를 달성할 수 있다는 점을 공유해야 한다.

또한 전사적 이해도 공유와 더불어 실무적으로 해야 할 일에 대해서는 명확한 실행계획을 위한 R&R 및 스케줄을 확실히 정리하고 시작해야 한다. 비단 DEI뿐 아니라 많은 업무에서 이것이 명확화되지 않고 실행될 때 수많은 문제가 발생하기 때문이다.

마지막으로, 앞에서도 강조했던 리더십의 역할과 중요성을 다시 한번 강조한다. CEO가 프로젝트의 오너(Owner)가 되지 않는다면 프로젝트는 절대 성공할 수 없다. CEO뿐 아니라 경영진을 포함한 주요 임원들을 TF에 참여시키고 그들의 약속과 명백한 지원을 확보해야 한다. 이렇게 상위 리더들이 관심을 가지고 조직에 DEI의 중요성을 소통하도록 장려해야만 CEO와 HR뿐 아니라 다른 모든 임직원이 이 문제에 관심을 가지고 참여할 수 있다.

2.

DEI 컨설팅 프로세스

앞에서 DEI 컨설팅의 포인트에 대해 개괄적으로 알아보았으니 이번에는 본격적으로 각 프로세스별 단계에 대해 구체적으로 알아보도록 하자.

이 역시 필자의 경험을 토대로 일반적이며 범용적인 내용을 중심으로 정리한 것이니만큼 우리 조직에서 가장 효과적인 프로세스를 함께 토의해보고 수정해가며 사용하면 좋다.

1) 사전조사

사전조사는 크게 인터뷰(Interview)와 서베이(Survey)로 나눈다. 프로세스상 인터뷰는 프로젝트 리더(주로 CEO)의 방향성을 확인하고 프로젝트 디자인을 확인하는 데 목적이 있다. 여기서 말하는 사전조사는 As-is를 확인하기 위한 FGI와는 별개의 것으로서 프로젝트 리더의 방향성을 실무자가 정리하고 이해하기 위한 목적으로 실시한다.

우선 경영진의 지시든 외부 전문가의 제안이든 간에 DEI 개선 프로젝트를 진행하기로 판단했다면 가장 먼저는 실무자(주로 HR 담당자) 차원에서 개략적인 윤곽을, 그리고 이를 토대로 경영진과 인터뷰를 하는 것이다. 내부 실무자라도 이때는 독립성을 갖춘 외부 컨설턴트와 같이 객관적으로 문제를 파악하는 것이 중요하다.

(1) 인터뷰

인터뷰 단계에서 가장 먼저 파악해야 하는 것은 고객의 니즈(Needs)를 파악하고 이해하는 것이다. CEO가 상사여도 이때는 컨설턴트의 고객(Client)으로 보고 객관적이고 구조화된 질문을 하는 것이 필요하다. CEO가 컨설턴트에게 먼저 DEI에 대해 알아 오라고 지시를 한 경우라 하더라도 ① 이를 통해 얻고자 하는 결과가 무엇인지, ② 변화시키고 싶은 대상이 무엇인지, ③ 왜 DEI를 통해 이런 변화를 원하는지와 같은 명확한 질문이 필요하다. 여기서 필요한 것은 크게 두 가지다. 하나는 고객의 니즈 파악이고, 다른 하나는 프로젝트의 목표 수립이다.

니즈 파악은 동일한 내용의 프로젝트를 진행한다고 해도 고객이 원하는 니즈에 따라 진행 방법도, 측정하는 지표도, 만들어야 하는 결과도 달라지기 때문이다. 따라서 수요자인 고객(CEO)이 이 프로젝트를 통해 기대하는 결과가 무엇인지, 그리고 컨설턴트가 제안하는 안에 대한 의견은 어떤 것인지 구체적으로 듣고 반영하는 것이 필요하다.

컨설팅의 목표 정의는 To-be 상태로서의 완료 증명(Definition of done)을 어떻게 규정할 것인가에 대한 문제이기 때문에 중요하다. 예를 들어 DEI 조직문화 개선 프로젝트를 진행하게 되었다고 가정해보자. 이 프로젝트를 종료했을 때 프로젝트가 성공적으로 마쳤다는 것을 무엇으로 판단할 수 있는가? 그 조건을 합의하는 것이 이 단계에서 하는 일이다.

진단 컨설팅이나 리서치 프로젝트라면 '어떠어떠한 내용이 포함된 컨설팅 보고서를 납품'하는 것이 목표인 경우도 있겠지만 이 프로젝트는 DEI 정책을 세우고 실제로 그것을 통해 얻고자 하는 결과에 도달하는 게 목표가 될 것이다. 이것은 생산성 증대나 매출과 같은 재무지표일 수도 있고, 직무 몰입도나 입퇴사율과 같은 인사지표일 수도 있으며, 대외 신인도와 같은 브랜드 가치 지표일 수도 있다. 이것들이 전부 포함될 수도 있고, 회사의 가용자원에 한계가 있을 때는 이 중에 일부만 할 수도 있다. 이렇게 다양한 목표 중에서 고객이 우선적으로 원하는 지표가 무엇이고, 그것이 '달성'되었다고 판단할 수 있는 숫자는 무엇인지를 합의하는 것이 이 단계에서 중요한 포인트이다.

컨설팅의 목표는 궁극적인 기업의 성장이겠지만, 우선은 프로젝트를 진행하며 만들게 될 DEI 지표를 우선적으로 추적 관리하는 것이 가장 직관적일 것이다.

이 컨설팅을 통해 우리 회사의 DEI 지표들을 만들게 될 것인데 동일한 질문 항목들을 바탕으로 주기적으로 측정을 실시하여 추적 관리하면 우리 회사의 DEI 인식이 어떻게 변화하는지 확인할 수 있다. 이를 우선적으로 판단하고 이후에 가능하다면 DEI 지표와 재무지표의 상관관계를 확인하여 재무적으로 어떻게 기여하는지를 볼 수 있다면 전사적으로 DEI 지표 관리에 대한 몰입도를 더욱 높일 수 있을 것이다.

인터뷰에 있어서 CEO 1:1 인터뷰 외에 필요한 것은 CEO를 제외한 주요 경영진 인터뷰와 임원진 또는 중간관리자를 대상으로 한 그룹 인터뷰나 FGI이다. 인터뷰에서 서베이로 갈수록 측정은 쉬워지지만 깊이가 얕아진다는 특징이 있다. 반대로 인터뷰를 많이 한다는 것은 객관식 척도에서 발견하기 어려운 행간의 의견을 찾을 수 있다는 점에서 강점이 있다. 하지만 모든 임직원을 다 개별 인터뷰를 할 수는 없기 때문에 주요 경영진을 제외한 임원급이나 리더급은 그룹 인터뷰를 통해 의견을 확보할 수 있다.

(2) 서베이

인터뷰가 CEO를 대상으로 한 1:1 정성적(Qualitative) 조사라면, 서베이는 다수의 직원을 대상으로 하는 정량적(Quantitative)인 측정을 한다는 차이가 있다. 여기서 다수라 함은 가능하다면 전 직원을 대상으로 하는 것이 좋고,

그렇지 않다면 DEI 정책이 영향을 미치는 부서나 사업부를 대상으로 하는 것인데 그렇다 하더라도 해당 그룹의 모든 인원을 대상으로 하는 것이 좋다. 통계적으로 목소리를 들을 때에는 표본의 수가 많을수록 정확한 것도 있지만 실제로 직원들에게도 '내가 이 프로젝트에 참여하고 있고 기여하고 있다'라는 메시지가 있어서 더 참여와 몰입을 할 수 있기 때문이다.

그럼 이때 어떤 질문을 해야 할까? 조금 뒤에 나오는 2번 항목에 〈DEI 지표 개발〉이 있으나 이 지표의 질문들을 사전에 개략적으로 준비를 해두고 실시한다. 그 이후 서베이 결과를 반영하여 지표를 고도화하는 방식으로 사이클을 반복하는 린(Lean) 방식으로 진행을 하면 된다. 즉 첫 번째 설문조사는 가설에 가깝고 실제 데이터를 가지고 구체화하는 방향으로 발전시키면 되는데 이 책을 읽으시는 독자께서는 우선 필자가 사전에 정리해드리는 설문 문항 정도로 시작하셔도 무리가 없을 것이다.

서베이를 하는 방법은 정해져 있지 않다. 도구로는 구글폼(Google Form), 탈리폼(Tally Form), 타입폼(Typeform), 네이버폼과 같이 시중에 있는 다양한 도구 중 편한 것으로 사용하면 되고 담당자 또는 컨설턴트가 설문 링크를 공유한 후 기한 내에 답변을 할 수 있도록 안내를 하면 된다. 이때 중요한 것은 답변의 진실성을 위해 무기명 답변으로 진행을 하며 개인을 추정할 수 있는 항목은 최대한 빼고 해야 한다는 점이다. 보통 연령별, 젠더별, 직급별 응답차를 확인하기 위해 응답자의 인구통계학적인 정보로 출생년도, 성별, 직급 또는 근무 연월수를 수집하는 경우도 있으나 연령 및 직급은 개인정보를 특정할 수 있고 젠더의 경우 성소수자는 자신의 성적 지향성을 답변하는 것 그 자체가 안전하지 않기 때문에 특별히 유의해야 한다.

답변의 기한은 정해져 있지 않으나 이 책에 나와 있는 질문들을 성실히 응답한다고 해도 10분 이내면 답할 수 있기 때문에 너무 오래 기한을 잡지 않아도 되고 1주일 이내로 응답하도록 안내를 하면 충분하다.

(3) 사전조사 및 리서치 디브리핑

① 수집된 데이터 분석

인터뷰와 서베이가 종료되면 이를 분석하는 작업을 진행한다. 일반적으로 인터뷰와 FGI 결과 등은 그 답변을 숫자로 바꿔서 설문 데이터에 넣기보다는 보고서에 해석이나 강조사항으로 활용한다. 킥오프를 할 때나 다음 프로세스를 진행할 때 CEO와 주요 리더들의 목소리를 넣으면 현장감이 더 커지고 방향성에 대한 명확한 가이드가 제공되는 효과가 있다. 계량화(計量化)하지는 않지만 명문화(明文化)를 할 수 있다는 이점이 있다. 이를 통해 주요 리더들이 DEI 이슈에 대해 어떤 관점과 방향성을 가지고 있는지를 공유함으로써 전사 방향성에 따른 리더들의 생각을 읽을 수 있다.

서베이는 종료가 되면 바로 엑셀로 익스포트(Export)한다. 대부분의 설문 도구들은 이 기능을 가지고 있다. 엑셀로 데이터가 정리되면 이를 바탕으로 본격적으로 분석을 실시한다. 데이터의 양이 만 단위 이상으로 아주 많은 경우에는 SQL이나 R과 같은 전문 데이터 분석 도구를 사용해도 되겠지만 빈도 분석 수준의 기본 분석만 주로 하기 때문에 대부분 이 단계에서 필요한 데이터는 엑셀 수준에서 처리가 가능하다.

고급 분석을 통해 평면적인 수치에서 볼 수 없는 인사이트를 발굴해낼 수 있으면 더욱 좋겠으나 일반적으로 응답 그 자체에서 직관적으로 확인할 수 있는 분석은 평균값 분석, 교차분석, 표준편차 분석 정도를 추천한다.

평균값 분석(Mean value analysis)은 산술평균(Arithmetic Average)으로 변수가 어떻게 집중화되어 있는지를 알려주는 중심 경향성을 측정하는 방법으로서, 5점 척도의 질문에 대해 응답자들이 응답한 결과값의 평균을 나타낸다. 예를 들어 5점 척도로 설계된 각각의 질문에 대해 응답한 값의 합을 값의 개수로 나누면 3.1, 4.3, 4.9와 같이 응답한 값의 평균으로 정리되는데 이를 통해 각 질문에 대해 응답자들이 생각하는 평균 수치를 확인할 수 있다.

평균값 분석으로 '평균 점수가 높은 상위 5개 문항'이나 '평균 점수가 낮은 하위 5개 문항'과 같이 경영진이 정책 결정 시 고려할 만한 응답들을 정리할 수 있다.

교차분석(Cross-tabulation analysis)은 두 개 이상의 변수 간 관계를 분석하는 통계적 방법으로, 이 책에서 소개하는 DEI와 관련한 질문들을 나이, 직급, 젠더 등과 같은 방식으로 교차하여 파악할 수 있다. 예를 들어 각각의 응답에 대해 남성과 여성 간 인식차가 큰 답변이 나올 수 있다. 이런 경우 경영진은 남성과 여성에 따라 각기 다른 맞춤형 정책을 고안할 수 있다.

[예시] 각종 휴가를 사용하는 데 있어서 사용할 때 눈치가 보인다고 응답한 비율

성별	생리 휴가	연차 휴가	연차휴가, 생리휴가	연차휴가, 회식, 생리휴가, 육아휴직	육아 휴직	회식
남성	1	8	0	0	10	2
여성	11	0	1	1	0	2

- 생리휴가: 여성의 11명이 응답, 남성은 1명만이 선택
- 육아휴직: 남성 응답자 중 10명이 육아휴직을 사용하기에 눈치 보이는 항목으로 선택. 반면 여성 응답자 중 해당 항목을 선택한 사람은 없음.
- 연차휴가: 남성 응답자 중 8명이 연차휴가를 사용하기에 눈치 보이는 항목으로 선택했으나 여성 응답자 중에서는 없음.

위의 응답에서 볼 수 있듯이 특정한 성별에 따라 인식차가 큰 응답이 있을 수도 있고, 연령대에 따라 인식차가 큰 응답도 있을 수 있을 것이다. 또는 각각의 응답들을 교차했을 때 새롭게 발견할 수 있는 인사이트도 있을 수 있다. 따라서 분석가는 우선 각 응답을 X, Y축으로 놓고 다양한 교차분석 시나리오를 돌려보고 그중 유의미한 결과를 발췌하여 인사이트로 도출하는 방식으로 교차분석

을 사용할 수 있다.

한편 이 경우 교차분석을 마치고 카이제곱 검정(Chi-square test)과 같은 통계적 검정을 사용하여 관찰된 빈도수가 우연에 의한 것인지, 아니면 통계적으로 유의미한 차이인지를 검증하여 최종 분석 보고에 사용할 수 있다.

표준편차 분석(Standard deviation analysis)은 빈도나 상관관계가 아니라 각 응답이 평균에서 얼마나 떨어져 있는가를 분석하는 것으로, 표준편차가 높은 응답은 응답자간의 의견이나 인식 차이가 크다는 것을 의미하고 반대로 표준편차가 낮은 응답은 답변을 한 조직 내에 합의나이해가 비교적 존재한다는 것을 의미한다. 이 경우 표준편차가 높은 답변의 경우 일관된 회사의 정책을 이해시킬 필요가 있다는 것을 뜻하며, 낮은 답변의 경우 응답자의 인식이 사실과 같은 경우 잘 운영되고 있는 것이고 다른 경우에는 조직 내 오해가 있다는 것을 의미한다.

② 갭 분석 및 문제 해결 방안 수립

분석된 결과를 통해 발견할 수 있는 일반적인 인사이트는 ① 표준적인 DEI 인식 기준에 비해 우리 조직에서 다르게 생각하는 부분, ② 조직문화와 관련해 회사의 방향과 구성원들의 인식이 다른 부분, ③ 회사의 정책과 관련해 구성원들이 어떻게 생각하는지 등이 있다.

특히 회사가 기대하는 부분(DEI와 회사 정책에 대한 구성원들의 이해)과 실제 평균값 사이에 차이가 존재할 텐데 이것이 앞에서 언급했던 '차이(Gap)'이다. 그럼 컨설턴트의 역할은 이 차이를 어떤 활동을 통해 개선할 것인가에 대한 전문가 의견을 제시할 수 있어야 하며 그 결과를 예측 가능할 수 있도록 설득하는 것도 필요하다. 현실적으로 가장 직관적이고 현실적으로 지표를 올릴 수 있는 방안은 인식개선 활동과 정책개선이다.

인식개선 활동이란 회사가 지향하는 인식과 구성원들이 인식하고 있는 사실에 차이가 있는 경우 정확한 회사의 입장과 정보를 알려주는 활동이다. 교육을 통해서도 가능하고 각종 정보를 최대한 노출시키는 활동이나 각종 이벤트 등을 통해 반복적으로 학습할 수 있도록 하는 모든 활동을 말한다. 예를 들어 회사에서는 직장 내 괴롭힘, 갑질, 성폭행 등의 문제가 일어날 경우 신고하고 보호받을 채널이 공유되어 있는데 서베이에서 임직원들은 그런 채널이 존재하는 줄 모르고 있다면 이것은 홍보의 부족이고 적극적으로 알리는 활동을 강화해야 함을 의미한다.

정책개선이란 정답이 없는 질문일 경우 구성원들 다수의 의견에 따라 회사의 정책을 변경하여 개선하는 활동을 뜻한다. 예를 들어 서베이나 인터뷰를 통해 주관식 의견으로 '개인의 성적 지향성과 같은 질문은 불편한 사람이 많을 수 있으니 뺐으면 좋겠다'는 주장이 다수 나오는 경우 이는 충분히 반영하여 차후 서베이에서는 얼마든지 제외하고 진행할 수 있다.

③ 디브리핑

내부적으로 사전조사의 분석이 종료되면 이 내용을 바탕으로 본격적으로 컨설팅 실행(Implementation)에 들어가기에 앞서 1차 분석 결과를 경영진에게 보고하는 시간을 갖는다. 이 시간이 중요한 이유는 설문의 결과를 사전에 알리려는 목적도 있지만 이를 토대로 회사의 정책에 맞는 제안을 설계하는 데 있어서 경영진의 방향성을 피드백 받기 위함이다.

예를 들어 컨설턴트의 입장에서는 진행하고 싶은 어젠다(Agenda)가 있지만 회사에서는 다루고 싶지 않은 주제가 있을 수 있다. 그런 경우 외부 전문가 또는 실무진이 경영진 차원에서 알고 있는 정보의 깊이와 양, 상황을 모두 알 수 없기 때문에 회사의 방향에 맞추는 것이 현실적인 경우가 많다. 무엇보다 고객과 전문가의 의견이 상충할 때, 컨설턴트와 같은 전문가는 고객이 의사결정을 더 잘할 수 있도록 돕는 역할이지 자신의 의견을 관철시키는 자리가 아니기 때문에 최대한 고객의 의견을 존중하여 설명과 설득을 하는 것이 필요하다.

디브리핑(Debriefing)에는 인터뷰와 서베이 결과 분석, 향후 프로세스 일정 및 계획, 기대되는 최종 결과물, 회사에서 지원이 필요한 부분, 임직원들의 참여 독려와 같은 내용을 포함하여 진행한다.

2) DEI 지표 개발

사전조사의 결과에 맞추어 이제 본격적인 우리 회사의 DEI 지표를 다듬는 단계에 왔다. 이 과정 동안 해야 하는 일의 핵심은 우리 회사에서 중점적으로 관리해야 하는 DEI 지표를 만드는 것이고, 이 지표는 향후 주기적인 설문조사와 회사 정책의 업데이트 기준을 만드는 데 사용된다. 지표(Indicator)는 완성된 상태가 아니며 지속적으로 반복하고 피드백을 받으면서 발전해나가야 한다. 그렇기 때문에 다양성(Diversity), 공정성(Equity), 포용성(Inclusion)과 관련한 각각의 지표를 중심으로 지표를 개선하되 전체 또는 부분적으로 통합된 지표도 존재할 수 있으며 DEI와 직접적으로 연결되어 있지 않지만 관여도가 있는 조직문화적인 지표도 존재할 수 있다.

일반적으로 현장에서는 다양한 종류의 설문조사를 자주 하면 임직원들의 불편이 커지기 때문에 보통 한번 설문조사를 돌릴 때 몇 가지 목적의 설문을 같이 실시하는 방법도 많이 쓰인다. 예를 들어 DEI 설문을 돌리면서 조직문화, 직무만족, 각종 제도, 의견수렴과 같은 다른 설문 문항을 추가하여 하는 방식이다. 이러한 설문조사에 '임직원 정기 의견수렴 설문'과 같은 이름을 붙여서 주기적으로 반복하면 관리가 용이하다.

지표 개발 시 고려해야 할 사항 첫 번째는 일반적인 지표 외에도 우리 회사에서 가중치를 두고 있는 지표를 만드는 것이다. 예를 들어 DEI는 각각 모든 것이 중요하지만 그중에서 우리 회사의 가치체계와 조직문화의 관점에서 더 중요한 것과 덜 중요한 것이 있을 수 있다. 예를 들어 글로벌 기업에서는 인종 다양성의 중요성이 크겠지만 동일 인종으로만 구성된 기업에서는 큰 이슈가 되지 않을 수 있다. 미혼이나 젊은 직원들이 많은 회사에서는 출산휴가나 육아휴가 같은 제도가 중요한 이슈이겠지만 중장년층이 많은 회사에서는 우선순위가 아닐 수 있다.

이처럼 일반적으로 사용되는 지표들이 있고 이 책에서도 소개를 하지만, 만들어진 템플릿을 그대로 사용한다기보다는 그것을 중심으로 우리 회사에 맞는 적절한 지표가 무엇인지 '함께 협의'하는 과정이 무엇보다 중요하다. 그렇다면 우리 회사에 중요한 지표는 어떻게 확인할 수 있을까? 방법은 톱다운(Top-down)과 바텀업(Bottom-up) 양쪽의 방식을 통해 확인할 수 있다. 톱다운 방식은 미션, 비전, 핵심가치, 장기목표 등과 같은 회사의 가치관을 통해 우리 회사가 중요성을 가지고 있는 키워드가 무엇인지를 확인하는 방식이고, 바텀업 방식은 워크숍이나 추가 서베이를 통해 '임직원들이 생각하는 우리에게 중요한 가치'가 무엇인지를 직접 찾아보는 방식이다. 이를 통해 여러 지표 중에서도 가중치를 두고 관리해야 할 지표가 무엇인지를 발견하는 것이 필요하다.

두 번째로 고려해야 할 점은 관리 가능한 수준의 우선순위 지표를 정하는 것이다. 이것은 DEI 지표뿐 아니라 KPI와 같은 일반 경영지표에서도 동일한 원칙이다. 많은

170

사람이 새해를 맞이하면서 다양한 목표를 세우지만 대부분 잘 지키지 못한다. 그 이유는 너무 달성 가능성이 어려운 목표를 세우거나, 아니면 너무 많은 목표를 세우기 때문이다. 이는 DEI 지표를 설계할 때도 동일한 원칙이다. 갑자기 올해부터 모든 채용에 있어서 모든 다양성 지표를 한 번에 같은 분포로 뽑으려고 한다거나 관리해야 하는 지표가 몇백 개씩 된다면 이것은 현실적으로 달성할 수 없게 된다. 일반적으로 목표 전문가들이 말하는 도전적인 목표란 달성 가능성 70~80% 정도 되는 난이도가 너무 쉽지도 않고 너무 어렵지도 않은 수준으로 본다. 현재 상태에서 조금 더 신경을 써서 노력하면 달성할 수 있을 정도의 목표가 적절하다.

지표의 개수와 관련해서는 일반적으로 지표를 개발하고 조사를 해보면 다수 지표들의 결과로 나타나는 상위 지표가 나타나는 경우가 많다. 반대로 이야기하자면 상위 지표를 달성하면 하위 지표는 자동적으로 대부분 달성되는 지표가 있다. 예를 들어 우리가 '건강한 삶'이라는 목표를 위해 '체지방률'이라는 지표를 만들었다고 해보자. 이 체지방률 지표 하위에 '체수분량', '근육량', '섭취 칼로리양'이라는 하위 지표를 가지고 있다고 할 때 사실상

구분	지표/항목	설명
다양성 (Diversity)	주요 임원	성별, 인종, 연력 및 장애의 비율
	채용 다양성	채용 과정에서 다양성을 얼마나 고려하는지
	다양성 교육 참여	주기적으로 DEI 교육을 어느 정도 진행하는지
	팀의 다양성	다양한 팀 및 부서 내 다양성
	다양성 이벤트 참여	다양성과 관련한 사내 행사 여부
	글로벌 다양성	다양한 국적 및 문화 다양성
공정성 (Equity)	임금 평등	성과 외의 다른 요소로 임금 차별 요인은 없는지
	승진율	다양한 인구통계 그룹(젠더, 연령, 학력 등) 간 승진율
	기회 접근	커리어 개발 등 기회에 대한 평등한 접근
	복지 혜택	혜택 및 자원에 대한 접근
	괴롭힘 및 차별	괴롭힘 및 차별 보고의 수와 성격
	장애직원 편의	장애를 가진 직원을 위한 전용 시설 유무
	공정한 대우	직원들 사이의 공정한 대우에 대한 인식
	평등한 정책	평등한 정책 및 절차의 존재와 인식
	자원배분	자원과 지원의 공정한 배분
포용성 (Inclusion)	포용 설문조사 점수	포용성과 관련한 인식도 및 만족도
	담당자	포용성 관련 업무 지원자 유무 및 활동 수준
	포용성 관련 교육	포용성을 촉진하는 교육 및 조직 문화 여부
	의사결정의 포용성	주요 의사결정 시 전 직원을 포용하는 기준

커뮤니티 참여	다양한 조직 내 커뮤니티에 자유롭게 참여할 수 있는 권리와 여건
멘토링 프로그램	사내 멘토링 및 코칭 프로그램의 제공 및 참여
피드백 채널	상시 피드백을 요청하고 받을 수 있는 채널의 제공 및 사용
문화 행사 인식	다양한 조직문화 활동 행사의 인식
안전한 보고 프로세스	문제 및 우려를 보고하기 위한 안전한 채널의 존재

건강한 체지방률을 갖추기 위해서는 자동으로 체수분량, 근육량, 칼로리양을 관리해야만 하기 때문에 하위 지표들을 일일이 확인하지 않아도 되는 원리와 같다. 이렇게 지표를 관리할 때에는 우선 일반 지표들의 목록화를 먼저 한 뒤, 그것들을 우선순위로 정렬해서 중요한 순으로 관리 지표를 설정하거나 다른 지표들을 포함하는 상위 지표를 관리 지표로 설정해서 관리하는 방법이 있다.

DEI 지표에는 정답은 존재하지 않는다. 하지만 일반적으로 해외의 사례나 연관된 다른 분야의 연구들을 참고했을 때 위의 표와 같은 기준을 가지고 분석을 하면 DEI의 중요한 포인트는 놓치지 않을 것으로 기대한다.

이 표의 지표들은 DEI의 상태를 확인할 수 있는 대표적인 지표이며, 이를 확인할 수 있는 질문은 서베이 디자인 시 참고하여 만들 수 있다.

3) 전 직원 DEI 인식개선 교육

회사의 DEI 방향성과 지표가 만들어지면 그다음으로는 전 직원을 대상으로 인식개선 교육을 실시한다. 이것이 중요한 이유는 개선 활동을 시작했을 때 참여를 독려하고 효과성을 높이기 위함이다.

우선 회사에서 이 프로젝트를 진행한다고 하면 DEI가 무엇인지 모르는 직원도 태반일 것이고 바쁜데 왜 다 모아놓고 이런 걸 하느냐고 불만을 갖는 직원도 많을 것이다. 이렇게 각각 다른 이해도와 참여도를 같은 수준으로 맞춰놓아서 추가적으로 낭비되는 시간을 줄이기 위해 실시한다. 예를 들어 육군훈련소를 한번 생각해보자. 20년 동안 각기 다른 지역, 배경, 학력 수준, 성격 등 모든 것이 다른 청년들을 단 몇 주 만에 모두 동일한 상태로 만들어놓는다. 그렇게 만들어놓고 자대로 가면 모든 신병이 동일한 조건에서 임무를 시작할 수 있는 이점이 생기게 되는 것이다. 만약 그렇지 않다면 자대에서도 개인별로 각각 다른 교육을 해야 하는 부작용이 생기게 된다.

오늘날 기업교육에서는 교육비 지원 또는 개인별 맞춤교육이 확산되고 있다. 교육학적으로는 이러한 방식이 더 효과가 크다. 하지만 여전히 집체교육이 가지고 있는 장점이 이런 것이다. 다수를 대상으로 동일한 내용을 빠르게 익히는 데는 효과가 큰 방식이다.

(1) 교육의 형태

어떤 교육을 할 것인가가 정해졌으면 어떤 방식으로 할 것인가를 정해야 한다. 교육학적으로 엄밀한 용어는 아니지만 일반적으로 짧은 시간 동안 강사의 정보 전달을 중심으로 한 일방향적 교육을 세미나(Seminar)라고 부르고, 보다 긴 시간 동안 학습자의 참여와 실습을 중심으로 하는 교육을 워크숍(Workshop)이라고 부른다. 이 두 방식의 장단점은 아래와 같다.

교육의 성과로 보자면 함께 참여하고 실습하며 학습자

	세미나	워크숍
개념	짧은 시간 동안 교수자의 설명을 중심으로 진행되는 교육	학습자의 참여와 실습을 중심으로 하는 교육
장점	콘텐츠의 일관성 적은 리소스	참여와 몰입 보다 높은 교육 성과
단점	수동적 교육 교육생들의 의견을 듣기 어려움	시간과 비용의 증가

의 의견을 수렴할 수 있는 워크숍 방식이 훨씬 더 낫지만 대부분의 조직에서 모든 임직원의 근무시간을 많이 빼면서 교육을 진행하기란 부담스러운 일이다. 그런 이유로 학습 성과가 낮더라도 세미나 형식의 교육을 많이 진행하는데 각 장단점을 비교하여 회사의 입장에서 최적의 효과를 낼 수 있는 방법을 찾아 설계해야 한다.

(2) 워크숍 디자인

교육의 시간, 대상, 방식이 정해지고 나면 본격적으로 최고의 효과를 내기 위해 워크숍을 설계한다. 일반적으로는 강사를 먼저 섭외하고 강사에게 이 부분을 턴키(Turn-key)로 맡기는 경우가 많은데 교육의 성과를 위해서라도 회사가 생각하는 방향 및 콘텐츠를 함께 설계해야 하고 교육공학의 교과서적인 방법으로는 콘텐츠를 먼저 만든 이후에 그것을 잘 전달할 강사를 뽑는 것이 순서다. 하지만 상황에 맞추어 적절한 방법을 찾아서 하면 된다.

워크숍 디자인에서 필요한 것은 모든 것이 동일하지만 이것도 니즈 분석이 첫 번째다. 교육의 수요자는 학습자이고 고객은 인사부서 또는 경영자이기 때문에 이들이 가지고 있는 니즈를 파악하고 그에 맞게 설계하는 것이 첫 단추가 된다. 학습자의 경우 보통 짧은 시간 동안 핵심만 명확하게 이해하기를 기대한다. 현업을 하는 와중에 시간을 많이 쓰기가 어렵기 때문이다. 또한 슬라이드만 읽고 끝내는 주입식 교육으로는 효과가 떨어지기 때문에 한두 시간의 세미나라 할지라도 다양한 강의 기법을 활용해서 교육생들이 최대한 몰입할 수 있도록 장치를 준비하는 것이 필요하다. 회사의 입장도 크게 다르지 않은데 많은 시간과 예산을 사용할 수는 없지만 그럼에도 그 한정된 자원을 가지고 애초의 교육 목표인 DEI에 대한 이해도를 맞추는 결과를 달성하길 기대한다. 그렇다면 교육 설계자는 그 교육 목표를 계량화하고 어떤 과정을 통해 도달할 수 있을지를 설계에 반영한다.

그다음으로는 교육생 분석이다. 같은 내용일지라도 교육생의 조건에 따라 교육의 방식이 다양하게 변화할 수 있다. 20대 직원이 주로 있는 조직과 40대 직원이 주로 있는 조직이 같을 수는 없을 것이다. 남초직장과 여초직장의 차이도 클 것이고 IT 회사인지 제조회사인지 업종에 따라서도 분위기가 다 다르다. 이러한 특성을 반영하여 교육생에게 가장 적절한 교육 방식을 찾아 설계하는 것이 필요하다.

(3) 워크숍 교육 콘텐츠 설계

사전 기획의 내용이 준비되었으면 그다음은 본격적으로 교육 콘텐츠를 만드는 과정이다. 교육에 사용할 슬라이드, 시청각 자료, 워크북과 같은 것을 준비하는 단계다. 강의 자료를 만들 때의 포인트는 강의의 목표에서 시작하여 역으로 설계를 하는 것이다. 많은 강사들이 강의 자료를 만들 때 하나씩 정보를 나열해나가면서 마지막에 결론에 도달하는 귀납법적인 방식을 사용한다. 이러한 방식의 스토리텔링은 교육 목표와 정렬되지 않기 쉽기 때문에 보다 효과적인 교육 설계에서는 설정된 교육의 목표를 중심으로 그것에 도달하기 위한 체크 포인트를 거꾸로(Backward) 설계하는 방식을 주로 사용한다.

예를 들어 교육 목표가 '모든 임직원이 DEI의 핵심개념을 이해한다'라고 했을 때, '핵심개념'과 '이해한다'를 쪼개서(Breakdown) '핵심개념들은 무엇들인가', '어느 수준에 도달하면 이해한다고 간주할 수 있는가'라는 질문을 던지고 이에 따라 역으로 설계하는 것이다. 이를 간단히 도식화하면 다음과 같다.

교육 목표	DEI의 핵심개념을 이해한다.
DEI의 핵심개념	다양성(Diversity), 공정성(Equity), 포용성(Inclusion)
핵심개념을 어떻게 이해시킬 것인가?	사전적 정의, 선행 연구, 해외 사례, 국내 사례의 예시
학습자들이 이해했다는 것을 어떻게 알 수 있는가?	1. 강의 말미에 개념 이해를 확인하기 위한 퀴즈 실시 2. 자신이 이해한 DEI의 개념을 설명하는 짧은 에세이 작성 및 평가
이를 반영한 커리큘럼	모듈1: DEI와 조직문화가 왜 중요한가(30′) 모듈2: 다양성(Diversity)의 이해(20′) 모듈3: 공정성(Equity)의 이해(20′) 모듈4: 포용성(Inclusion)의 이해(20′) 모듈5: 퀴즈 및 평가(30′) • 모듈 2, 3, 4는 사전적 정의, 이론적 배경, 국내외 사례로 진행

(4) 강사 트레이닝

위의 예시와 같이 강의 커리큘럼과 교안 슬라이드까지 만들어지면 이에 맞추어 실제 교육을 진행할 강사를 트레이닝한다. 이를 위해서는 강의 기획의 과정에서 교수자용 가이드도 함께 준비하면 강사가 바뀌더라도 크게 다르지 않은 교육 결과를 유지할 수 있다는 장점이 있다.

일반적으로 교육부서에서 커리큘럼 정도를 만들고 이후 과정은 강사에게 모두 넘기는 경우가 많은데 어디까지나 교육 담당자는 전체 교육 성과에 책임을 지는 사람이므로 강사가 최고의 퍼포먼스를 낼 수 있도록 지원하는 역할을 담당한다. 이를 위해 교안 검토, 시범강의, 리허설 등의 다양한 활동을 통해 실전에서 실수 없이 교육을 진행할 수 있도록 준비한다.

(5) 사후 평가

성공적으로 교육을 마치고 나면 평가를 실시한다. 이 평가에서 중요한 것은 만족도가 아니다. 다음번에 더 나은 교육이 되기 위해 필요한 것이 무엇인지 객관적인 개선 피드백을 받는 것이다. 변화하지 않는 교육은 발전하지 않는다. 그렇기에 교육 그 자체도 횟수를 반복할 때마다 개선을 해야 한다.

일반적으로 강의 직후에 실시하는 만족도 평가는 성과와 큰 인과관계가 없고 강사의 인기투표에 가까운 경향이 있다. 그럼에도 고객의 입장에서 직후에 받는 피드백은 가장 현장감이 살아 있는 상태의 의견이기에 가치가 있다. 또한 이 교육의 내용이 실제 업무에 얼마나 영향을 미쳤는지를 파악하기 위해서는 주기적인 추적 관리가 필요한데 이 역시 여건이 된다면 별개로 준비해서 진행하면 좋다.

4) DEI 서베이 실행

DEI 지표를 개발하고 사전 교육까지 실시했으면 이제 본격적으로 개선 작업에 착수한다. 개선 작업은 전형적인 계획(Plan) → 실행(Do) → 관찰(See)의 사이클을 반복해서 진행한다.

우선 지금까지 진행된 계획 활동의 결과를 바탕으로 회사의 정책을 변경한다. 채용, 승진, 보상, 조직문화에서 크고 작은 변화들이 실행될 것이다. 그 변화를 일정 기간 동안 경험하고 난 뒤에 변화된 정책에 대한 피드백을 구성원들에게 듣는다. 그럼 그 피드백의 결과를 반영하여 기존 정책을 튜닝(Tuning)하고, 또 반복해서 피드백을 받는 식으로 계속해서 개선 활동을 반복 실행한다. 그 과정에서 정책은 조금씩 변화하겠지만, 그러면서 우리 회사의 지표는 개선이 될 것이다. 이 과정을 구체적으로 보자면 다음과 같다.

(1) 목표의 정의

어떤 정책이든지 가장 처음에 해야 하는 것은 명확한 목표를 설정하는 것이고 이것 역시 예외가 아니다. DEI 서베이의 목표는 '구성원들이 우리 회사의 DEI 정책에 대해 어떤 생각을 가지고 있는지 솔직하게 들어보는 것'이다. '이번 설문에서 좋은 점수를 받는 것'이 목표가 아니다.

그렇기에 이 목표 달성을 위해서는 ① 어떻게 하면 최대한 많은 인원을 응답에 참여시킬 수 있을지, ② 어떤 방법으로 설문을 받아야 그들의 생각을 끄집어낼 수 있을지, ③ 그들의 생각을 촉진시킬 수 있는 질문들은 어떤 것들이 있는지와 같은 고민을 해야 할 것이다. 그 외에도 회사의 상황에 맞는 다른 부가적인 목표도 추가될 수 있는데 그에 따라 이후 프로세스도 변화할 수 있다.

(2) 조사 설계

이 단계에서 실질적으로 필요한 것은 질문을 개발하는 것이다. 주요 질문으로 필요한 것은 다양성(Diversity), 공정성(Equity), 포용성(Inclusion) 각각에 대한 평가를 응답자들이 이해하기 쉬운 언어로 바꾸어 물어보는 것이다. 예를 들어 "우리 회사의 다양성 수준을 어느 정도로 평가하시나요?"보다는 "우리 회사는 동일한 배경과 능력을 갖추었을 때 다양성 요소를 어느 정도로 고려하여 다양한 배경의 사람들이 골고루 승진의 기회를 갖도록 하나요?"와 같이 현실적인 사례로 풀어서 이야기하면 더욱 이해하기가 수월해진다.

다음의 예는 필자가 제안하는 DEI 관련 질문의 사례이다. 대부분의 질문이 DEI로 MECE(Mutually Exclusive Collectively Exhaustive, 겹치지 않으면서 빠짐없이 나눔)하게 구분된다기보다는 중첩되어 있는 경우가 많고 이와 연계된 다른 조직문화적인 질문과도 함께 녹일 수 있으니 참고하여 우리 회사의 상황에 맞는 질문을 만들어보면 좋다.

구분	질문
다양성 (Diversity)	우리 회사는 동일한 배경과 능력을 가진 직원 채용 시 다양성 요소(인종, 연령, 젠더, 장애 유무)를 고려하여 다양성을 높이는 방향으로 채용한다.
	우리 회사는 동일한 배경과 능력을 가진 직원의 승진 평가 시 다양성 요소(인종, 연령, 젠더, 장애 유무)를 고려하여 다양한 배경의 사람들이 골고루 승진의 기회를 갖도록 한다.
	우리 회사는 교육훈련, 승진, 직무배치 등에 있어서 성별, 나이, 장애 여부 등을 고려하지 않고 적합성만으로 평가한다.

공정성 (Equity)	우리 회사에서 부적절한 언행을 하는 동료가 있을 시 주변에서 그것에 대해 자유롭게 말할 수 있는 문화가 존재한다.
	직장 내 괴롭힘, 성추행 등의 문제가 발생할 시 상담 및 해결해주는 인력, 부서, 정책이 존재한다.
	육아휴직은 성별과 관계없이 동일한 기간을 부여받는다.
	우리 회사는 가치관(미션-비전-핵심가치)이 의사결정의 중요한 기준이 된다.
	우리 회사에서 근속하면 기대되는 커리어상의 미래가 예측 가능하다.
	다른 부서와의 업무 협조가 원활하다(업무 협조가 없는 부서의 경우 패스 가능).
	나와 같은 성별의 임원이 업무나 커리어에 있어서 충분한 롤모델이 되어주고 있다.
	직무배치 및 업무평가는 나의 성별, 나이, 장애 여부, 인맥 및 학벌 여부와 관련 없이 업무 능력만으로 평가받는다.
포용성 (Inclusion)	직장 내 괴롭힘, 갑질, 성폭행 등의 문제가 일어날 경우 신고하고 보호받을 채널이 공유되어 있다.
	연차, 회식, 생리휴가, 육아휴직 등을 부담 없이 사용할 수 있다.
	우리 회사의 사무 공간 및 휴식 공간은 개방적이고 의사소통에 도움이 된다.
	나는 우리 회사에서 오랫동안 근무하고 싶다.
	나는 우리 회사에서 내 장래의 커리어를 그려볼 수 있다.
	우리 회사가 제시하고 공유하는 가치관을 잘 알고 있다.
	우리 회사는 근무 제도가 유연하다.
	나는 우리 부서 동료들과 팀으로 일하기가 좋다.
	나의 업무상 성취는 잘 인정받고 있다.

(3) 조사 테스트

담당자나 컨설턴트가 서베이 문항을 다 만든 이후에는 이것도 사전 테스트를 하고 검증을 마쳐야 실제 조사에서 오류를 줄일 수 있다. 전체를 대상으로 하지 않고 특정 부서(일반적으로 인사부서)나 일부 랜덤하게 선발된 표본 직원을 대상으로 테스트를 해본다.

이때 중요한 것은 결과값이 아니라 질문은 적절했는지, 답변하기에 어려운 것은 없었는지와 같은 것에 대한 피드백이다. 공급자와 수요자의 관점은 차이가 나는 경우가 많아서 만든 사람은 최대한 쉽게 만들었다고는 하지만 하는 사람 입장에서는 이해가 잘 가지 않는다고 말하는 경우가 흔하다. 그러한 오류를 방지하기 위해서라도 사전 피드백을 구체적으로 받고 이를 기반으로 업데이트하여 고도화시킨다.

(4) 조사 배포 및 데이터 수집

설문 문항이 준비가 완료되었으면 배포를 한다. 배포 과정에서는 크게 플랫폼 선택, 조사 방법, 참여 독려를 위한 소통이 필요하다. 우선 플랫폼 선택의 경우 요즘은 대부분 온라인 설문폼으로 수집하는 것이 대부분이다. 오프라인은 배포와 수집도 오래 걸리거니와 응답된 결과를 분석을 위해 다시 처리해야 하는 등 비효율적인 부분이 많기 때문이다. 따라서 특별히 예외적인 상황이 아니라면 온라인 설문 도구를 사용하는 것이 일반적이며 앞에서 언급했던 구글폼, 탈리폼, 타입폼, 네이버폼과 같은 서비스들이 현장에서 많이 사용하는 도구이다.

설문지 작성에 드는 시간은 10분 이내로 하는 것이 바람직하며 대부분 리커트(Likert) 5점 척도를 많이 사용하기 때문에 추가 의견을 제외한 질문들은 객관식이라 5분 정도면 대부분 답변을 마친다. 설계자 입장에서도 답변에 시간이 너무 오래 걸리면 응답자들이 지치기도 하고 그러면서 답변의 신뢰도가 떨어질 수 있으니 고려하여 핵심적인 질문들로 압축하여 할 필요가 있다. 필자의 추천은 최대 30문항 이하로 할 것을 권장한다.

다음으로는 설문 링크를 배포한 뒤 응답률을 보면서 참여를 독려하는 것이다. 무기명 설문이기 때문에 누가 미제출인지 확인할 수는 없지만, 일반적으로 5~10분 시간을 내지 못할 정도로 바쁜 일정이 매일 있는 것은 아니므로 응답률 추이에 따라 리마인드 안내를 해준다. 보통 답변 기한은 3일 이내면 충분히 다 할 수 있고 길더라도

1주일 정도 부여하면 충분하다.

(5) 데이터 분석 및 결과 정리

데이터 수집이 종료되면 이후 데이터 분석에 착수한다. 데이터 분석은 앞서 설명한 〈DEI 컨설팅 프로세스〉의 서베이 항목의 설명을 준수하면 된다. 평균값 분석, 교차분석, 표준편차 분석을 중심으로 애초에 목적한 의도에 영향을 미치는 인사이트를 발견하여 공유하면 좋다.

다음은 가상의 기업을 대상으로 앞서 사례로 소개한 질문들로 조사를 진행하고 그 내용을 요약한 보고서이다. 형태는 결과 보고서이지만 질문 항목들도 같이 나와 있으니 이 문서를 통해 전반적인 질문의 형태를 참고할 수 있다.

[회사명] DEI 건강도 진단 분석 보고

[부서명]

담당자 [담당자 이름]

I. 일반 내용

1. 응답자: 총 36명
2. 연령 및 성별 분포

연령대	남성	여성	총합
20대	4	8	12
30대	11	6	17
40대	6	1	7
총합	21	15	36

3. 응답기간: 24년 1월 8일 ~ 12일 (5일간)
4. 전체 평균 응답값: 3.48 (5.00 만점)

II. 주요 질문 및 평균값

1. 주요 질문 및 평균값

(1: 매우 그렇지않다 ~ 5: 매우 그렇다)

질문	평균값
2-1. 우리 회사는 동일한 배경과 능력을 가진 직원 채용 시 다양성 요소(인종, 연령, 젠더, 장애 유무)를 고려하여 다양성을 높이는 방향으로 채용을 한다.	3.4
2-2. 우리 회사는 동일한 배경과 능력을 가진 직원의 승진평가 시 다양성 요소(인종, 연령, 젠더, 장애 유무)를 고려하여 다양한 배경의 사람들이 골고루 승진의 기회를 갖도록 한다.	3.3
2-3. 우리 회사는 교육훈련, 승진, 직무배치 등에 있어서 성별, 나이, 장애 여부 등을 고려하지 않고 적합성만으로 평가한다.	3.7
2-4. 우리 회사에서 부적절한 언행을 하는 동료가 있을 시 주변에서 그것에 대해 자유롭게 말할 수 있는 문화가 존재한다.	3.3
2-5. 직장 내 괴롭힘, 성추행 등의 문제가 발생할 시 상담 및 해결해주는 인력, 부서, 정책이 존재한다.	3.2
2-6. 육아휴직은 성별과 관계없이 동일한 기간을 부여 받는다.	3.6
2-7. 우리 회사는 가치관(미션-비전-핵심가치)이 의사결정의 중요한 기준이 된다.	3.8
2-8. 우리 회사에서 근속하면 기대되는 커리어상의 미래가 예측 가능하다.	2.9

2-9. 다른 부서와의 업무 협조가 원활하다(업무 협조가 없는 부서의 경우 패스 가능).	3.3
3-2. 나와 같은 성별의 임원이 업무나 커리어에 있어서 충분한 롤모델이 되어주고 있다.	3.6
3-3. 직무배치 및 업무평가는 나의 성별, 나이, 장애 여부, 인맥 및 학벌 여부와 관련 없이 업무 능력만으로 평가받는다.	3.8
3-4. 직장 내 괴롭힘, 갑질, 성폭행 등의 문제가 일어날 경우 신고하고 보호받을 채널이 공유되어 있다.	3.1
3-5. 연차, 회식, 생리휴가, 육아휴직 등을 부담 없이 사용할 수 있다.	3.6
3-6. 우리 회사의 사무 공간 및 휴식 공간은 개방적이고 의사소통에 도움이 된다.	4.1
3-7. 나는 우리 회사에서 오랫동안 근무하고 싶다.	3.5
3-8. 나는 우리 회사에서 내 장래의 커리어를 그려볼 수 있다.	3.2
3-9. 우리 회사가 제시하고 공유하는 가치관을 잘 알고 있다.	3.9
3-10. 우리 회사는 근무 제도가 유연하다.	2.6
3-11. 나는 우리 부서 동료들과 팀으로 일하기가 좋다.	4.1
3-12. 나의 업무상 성취는 잘 인정받고 있다.	3.7

2. 평균 점수가 높은 상위 5개 문항

아래 문항은 임직원들이 가장 긍정적으로 평가한 부분입니다.

질문	평균값
3-11. 나는 우리 부서 동료들과 팀으로 일하기가 좋다.	4.1
3-6. 우리 회사의 사무 공간 및 휴식 공간은 개방적이고 의사소통에 도움이 된다.	4.1
3-9. 우리 회사가 제시하고 공유하는 가치관을 잘 알고 있다.	3.9
2-7. 우리 회사는 가치관(미션-비전-핵심가치)이 의사결정의 중요한 기준이 된다.	3.8
3-3. 직무배치 및 업무평가는 나의 성별, 나이, 장애 여부, 인맥 및 학벌 여부와 관련 없이 업무 능력만으로 평가받는다.	3.8

3. 평균 점수가 낮은 하위 5개 문항

아래 문항은 임직원들이 가장 불만족하고 개선이 필요하다고 생각하는 부분입니다.

질문	평균값
3-10. 우리 회사는 근무 제도가 유연하다.	2.6
2-8. 우리 회사에서 근속하면 기대되는 커리어상의 미래가 예측 가능하다.	2.9
3-4. 직장 내 괴롭힘, 갑질, 성폭행 등의 문제가 일어날 경우 신고하고 보호받을 채널이 공유되어 있다.	3.1
3-8. 나는 우리 회사에서 내 장래의 커리어를 그려볼 수 있다.	3.2
2-5. 직장 내 괴롭힘, 성추행 등의 문제가 발생할 시 상담 및 해결해주는 인력, 부서, 정책이 존재한다.	3.2

4. 표준편차 점수가 높은 상위 5개 문항

표준편차가 높은 응답은 응답자 간의 의견이나 인식 차이가 크다는 것을 의미합니다. 이는 해당 주제에 대한 명확한 합의나 이해가 조직 내에서 없음을 나타낼 수 있습니다.

질문	평균값
2-5. 직장 내 괴롭힘, 성추행 등의 문제가 발생할 시 상담 및 해결해주는 인력, 부서, 정책이 존재한다.	1.32
3-10. 우리 회사는 근무 제도가 유연하다.	1.29
2-6. 육아휴직은 성별과 관계없이 동일한 기간을 부여받는다.	1.27
2-4. 우리 회사에서 부적절한 언행을 하는 동료가 있을 시 주변에서 그것에 대해 자유롭게 말할 수 있는 문화가 존재한다.	1.23
2-7. 우리 회사는 가치관(미션-비전-핵심가치)이 의사결정의 중요한 기준이 된다.	1.16

5. 표준편차 점수가 낮은 하위 5개 문항

표준편차가 낮은 응답은 응답자 간의 의견이나 인식 차이가 작다는 것을 의미합니다. 이는 해당 주제에 대한 명확한 합의나 이해가 비교적 존재한다는 것을 뜻합니다.

질문	평균값
3-11. 나는 우리 부서 동료들과 팀으로 일하기가 좋다.	0.64
3-6. 우리 회사의 사무 공간 및 휴식 공간은 개방적이고 의사소통에 도움이 된다.	0.73
3-9. 우리 회사가 제시하고 공유하는 가치관을 잘 알고 있다.	0.80
3-12. 나의 업무상 성취는 잘 인정받고 있다.	0.82
3-5. 연차, 회식, 생리휴가, 육아휴직 등을 부담 없이 사용할 수 있다.	0.89

6. "3-5-1. 위 질문에서 사용하기에 눈치 보이는 항목들은 무엇
인가?(복수 답변 가능)"에 대한 응답과 "1-2. 성별을 알려주세
요" 항목의 교차분석 결과

3-5-1번 질문은 성별에 따른 차이가 가장 크게 나타난 중요 응
답입니다. 이를 교차분석한 결과는 아래와 같습니다.

성별	생리 휴가	연차 휴가	연차휴가, 생리휴가	연차휴가, 회식, 생리휴가, 육아휴직	육아 휴직	회식
남성	1	8	0	0	10	2
여성	11	0	1	1	0	2

- 생리휴가: 여성의 11명이 응답, 남성은 1명만이 선택
- 육아휴직: 남성 응답자 중 10명이 육아휴직을 사용하기에 눈
치 보이는 항목으로 선택. 반면 여성 응답자 중 해당 항목을
선택한 사람은 없음.
- 연차휴가: 남성 응답자 중 8명이 연차휴가를 사용하기에 눈
치 보이는 항목으로 선택하였으나 여성 응답자 중에서는 없음.

III. 컨설턴트 의견

1. 대부분의 항목에서 중립적인 응답(3점)이 많습니다. 이는 조
직문화에 대한 명확한 긍정적 또는 부정적 인식이 형성되지
않았을 수 있습니다.

예를 들어 복지제도에 관한 주관식 질문인 3-5-2(위 제도를 사
용하는 것이 불편한 이유는)에 대한 답변에는 명확한 정보가 없
고 쓰는 경우를 보지 못했다는 의견이 많이 있습니다.

2. 2-3. "우리 회사는 교육훈련, 승진, 직무배치 등에서 성별, 나이, 장애 여부 등을 고려하지 않고 평가한다" 항목이 다른 항목들과 높은 상관 관계를 보입니다. 이는 회사의 공정성이 높다고 인식하는 임직원들이 조직문화에 대한 다른 인식들도 연계되어 판단한다는 것을 의미합니다.

3. 조직 내에서 다양성에 대한 인식과 평가가 공정하게 이루어지는 것이 다른 조직문화 항목들과 밀접한 관련이 있습니다.

   특히 교육훈련, 승진, 직무배치 등에서 성별, 나이, 장애 여부 등을 고려하지 않고 공정하게 평가하는 것이 중요하다는 것을 알 수 있습니다. 이를 통해 회사는 다양성과 포용성을 강조하고, 그에 따른 긍정적인 조직문화를 형성하는 데 중점을 둘 필요가 있습니다.

본 서베이를 통해 [회사명]의 임직원들이 DEI 중심의 조직문화에 대해 어떻게 인식하고 있는지에 대해 개괄적으로 확인하였습니다.

회사의 전반적인 조직문화에 대해서는 긍정적이나 이를 제도화하고 업무의 기준으로 인식하는 부분은 명문화 및 내재화가 더 필요한 것으로 판단됩니다.
이를 인식하고 적극적인 개선 활동을 진행한다면 더 나은 조직문화가 될 것이며 주기적인 추적 관리로 임직원들의 만족도를 높이는 정책 개발이 필요합니다.

[조사일자]

조사 담당자
[담당자 이름] / [담당자 연락처]

(6) 행동계획 및 후속 조치

결과 보고서를 작성한 후 이해관계자들에게 공유한 이후로는 경영진의 피드백을 받아 정책을 업데이트하고 지속적으로 실행하면서 지표의 평균값을 높이기 위한 활동을 반복한다. 결과는 경영진뿐만 아니라 참여자이자 대상인 임직원들에게 공유하는 것도 좋다. 이후 지금까지 설명했던 과정들을 일정한 주기(분기, 반기, 연간)마다 반복하면서 정책을 고도화시키고 회사의 DEI 점수가 어떻게 성장하는지를 측정하며 함께 하면 DEI를 중심으로 더 좋은 조직문화를 갖춘 회사로 성장하게 될 것이다.

블룸버그 성평등 지수

2023년 기준 54개국 484개 기업의 성평등 지수를 관리. 매년 기업이 블룸버그가 제시한 지수에 의거해 해당 기업의 지수 데이터를 입력.[1]

블룸버그 성평등 지수(GEI) KPI 안내

GEI에 포함될 주요 성과지표(KPIs: Key Performance Indicators) 목록을 공유하게 되어 기쁩니다. 아직 2022 회계연도의 성평등 관련 정보를 보고하지 않은 경우, 아래 KPIs를 귀사의 공시에 추가하시기 바랍니다. 모든 데이터는 기업 직원의 80% 이상을 대표해야 합니다. 이미 2022 회계연도에 대해 보고한 경우, 저희는 귀사 웹사이트에 첨부된 독립 문서(pdf 형식)를 받아들여 다가오는 GEI 점수에 반영할 것입니다. 2023년 10월 31일 화요일까지 ESG 보고서, CSR 보고서, 지속가능성 보고서 등과 같은 웹사이트 위치에 추가 문서를 제출해주세요. 이 과정에 대해 궁금한 점이 있으시면 gei@bloomberg.net으로 문의해주십시오. GEI에 대한 귀사의 지원에 감사드립니다.

주요 성과지표	정의
리더십	
기업 이사회의 여성 비율	기업 총 이사회 규모 중 관리 감독을 담당하는 여성의 비율(회계연도 말 기준). 이는 정규 이사만 포함하며, 부이사나 대체 이사는 포함되지 않음. 추가 이사는 포함됨. 기업에 감독 이사회와 경영 이사회가 모두 있는 경우, 감독 이사회의 이사를 의미. 기업 비서(또는 이사회 관찰자나 검열자)는 비포함.
여성 이사회 의장	이사회 의장이 여성인지 여부. 감독 이사회와 경영 이사회가 있는 유럽 기업의 경우, 이 지표는 감독 이사회의 의장을 지칭.
이사회 리더십의 성별 균형	이사회의 여러 위원회 중 여성이 의장 또는 공동 의장을 맡고 있는 비율.
여성 최고경영자(CEO)	최고경영자(CEO) 또는 해당 직위가 여성인지 여부를 나타냄. 감독 이사회와 경영 이사회가 있는 유럽 기업의 경우, 이 항목은 경영 이사회의 CEO 또는 해당 직위를 의미.
여성 최고 재무 책임자 (CFO) 또는 동등한 직위	최고 재무 책임자(CFO) 또는 해당 직위가 여성인지 여부.
여성 임원 비율	기업의 여성 임원 비율 또는 회계연도 말 기준 임원 수 중 동등한 관리/집행 기구의 여성 회원 비율. '임원'은 기업이 정의하는 바에 따라, 또는 기업의 집행위원회/이사회 또는 관리위원회/이사회 또는 그에 상응하는 구성원으로 정의.
다양성 책임자(CDO)의 역할 및 직무	다양성 책임자(CDO) 또는 임원진(집행 관리의 두 단계 내)에 보고하는 관리자로서, 기업의 다양성 및 포용(D&I) 전략에 주로 헌신하는 직책(회계연도 말 기준). 이는 기업의 D&I 전략을 개발하고 유지하는 주요 업무 기능을 가진 경우에만 인사 책임자(CHRO)를 의미할 수 있음.

주요 성과지표	정의
인재 파이프라인	
관리직 전체 여성 비율	전체 관리직 중 고위급, 중간급 또는 하위급 감독 책임을 맡은 여성의 비율.
고위 관리직 여성 비율	전체 관리직 중에서 상위 두 단계의 경영진에 포함되며 고위급 감독 책임을 맡은 여성의 비율.
중간 관리직 여성 비율	총 중간 관리직 중에서 경영진으로부터 세 단계 이상 떨어진 위치에 있으며 중간 또는 하위 수준의 감독 책임을 맡은 여성의 비율.
비관리직 여성 비율	회계연도 말 기준 비관리직에서 근무하는 여성 직원 비율, 총 비관리직 포지션 중 다른 이들을 관리할 책임이 없고 개별 기여자로 팀에서 직접 근무하는 여성의 비율.
전체 직원 중 여성 비율	전체 직원 수 중 여성의 비율, 전체 기업 직원 수 대비.
총 승진자 중 여성 비율	회계연도 말 승진 중 여성 비율, 전체 승진 중 여성 비율로 기업에서 승진하거나 경력을 향상시킨 여성의 비율을 의미.
IT/공학 부문 여성 비율	기업에서 IT(정보기술) 및 공학(연구 및 개발: 프로그래밍/코딩) 업무를 맡은 여성의 비율, 해당 직무에서 근무하는 전체 직원 대상.
신규 채용된 여성 비율	신규 입사자 중 여성 비율, 총 신규 입사자 수 대비.
여성 이직률	기업을 떠난 총 직원 중 여성 직원의 비율.
기업 관리직 중 여성 증가를 위한 한시적 액션 플랜	기업에 여성 리더십 직책 증대를 위해 공개적으로 구축하고 공유하는 공개한 정량적이고 한시적인 액션 플랜 계획 및 목표가 있는지 여부.
기업 내 여성 대표성 증가를 위한 한시적 액션 플랜	기업이 여성 직책의 대표성을 늘리기 위해 공개적으로 공유하는 정량적이고 한시적인 액션 플랜이 있는지의 여부.

주요 성과지표	정의
임금	
평균 성별 임금 격차 조정	직무, 위치 및 근속 연수를 고려하여 합리적인 조정을 한 성별 임금 격차.
세계 평균 성별 임금 격차 원본값	직무 기능, 직급, 교육, 업무 성과, 위치 등과 같은 요소를 조정하지 않고 여성과 남성 간의 전체 임금 간 차이를 측정한 원본 임금 격차.
임금 격차 줄이기 위한 한시적 액션 플랜	기업이 정량적·한시적으로 성별 임금 격차를 해소하기 위한 액션 플랜을 공개적으로 공유하는지 여부.
성평등 및 DEI 관련 임원 보상	장기이든 단기이든 한 기업의 임원 보상이 성별 다양성과 연관이 있는지의 여부. 여성의 대표성과 성별 임금차 등이 여기에 포함됨.

주요 성과지표	정의
포용적인 문화	
완전 유급 주양육자 양육휴가 주수	(기업 혹은 정부의 정책으로) 전 세계 직원들을 대상으로 하는 완전 유급 주양육자 양육휴가(혹은 출산휴가) 주수. 주양육자는 아이를 돌보는 데 일차적인 책임을 가진 사람 혹은 주 양육자로 지정된 양부모를 가리킴. 기업에 출산휴가 제도가 있는 경우, 해당 기업의 출산휴가 정책에 따른 주양육자 양육휴가에 대한 응답도 이에 해당하는 것으로 처리.
완전 유급 부양육자 양육휴가 주수	(기업 혹은 정부의 정책으로) 전 세계 직원들을 대상으로 하는 완전 유급 이차 양육자 양육휴가(또는 아빠 육아휴직)의 주수. 이차 양육자는 양육 의무에 부차적인 책임을 지는 부모 일방. 기업에 아빠 육아휴가 정책이 있는 경우, 해당 기업의 출산휴가 정책에 따른 주양육자 양육휴가에 대한 응답도 이에 해당하는 것으로 처리.

양육 휴가 유지율	육아휴직에서 복귀한 후 12개월 동안 기업에 재직한 여성 직원의 비율, 지난 회계연도 동안 육아휴직을 사용한 모든 여성 직원 대상.
기업 제공 가족 돌봄 케어 및 보조금	정규 돌봄 배치에 공백이 있을 때 기업이 돌봄 케어를 제공하거나, 직원의 가족 구성원 돌봄 비용을 지원하는 보조금을 제공하는지 여부. 해당 기업의 자금이 동원되지 않은 유연지출계정(FSA)에서 나오는 보조금은 이 보조금에 해당되지 않음. 정부 기관 보조금은 포함.
유연근무제	기업은 근무일이나 근무 주의 시작 또는 종료 시간을 조절할 수 있는 옵션(예: 유연근무제)을 제공하거나, 직원들이 근무하는 장소를 조절할 수 있는 옵션(예: 재택근무, 원격근무)을 제공. 이는 COVID-19 관련 정책은 제외. 재택근무는 직원들이 자신의 근무 장소를 조절할 수 있는 옵션으로, 일반적으로 집에서 일하는 것을 말함.
여성을 위한 직원 자원 그룹	기업에 직원 자원 그룹이 있는지 혹은 여성의 채용, 유지 및 개발에 중점을 둔 '커뮤니티'가 있는지 여부.
무의식적인 편향 인식 교육	기업이 모든 직원에게 무의식적 편향 인식 훈련을 제공하여 암묵적 편향에 대한 인식을 제고하고 차별적 행동을 줄이기 위한 도구나 전략을 제공하는지 여부. 무의식적 편향은 사람, 관점 또는 집단에 대한 선호 또는 반감을 의미하는데, 이는 자신이 인식하지 못하지만, 그럼에도 불구하고 발언이나 행동을 통해 전달됨. 무의식적 편향 훈련의 목적은 개인의 편향을 이해하고 이러한 불공정을 완화하기 위한 지식을 제공함으로써 포용, 참여 그리고 성과의 장벽을 제거하는 데 있음.

연례 성희롱 예방 교육	기업이 모든 직원에게 연간 최소 한 번은 성희롱 방지 교육을 이수하도록 요구하는지 여부. 성희롱 예방 교육에서는 기업의 성희롱 예방 정책을 설명하고, 부적절한 행동의 구체적인 예를 제공하며, 불만을 제기하는 과정과 절차를 설명함.

제1장 DEI 시대가 왔다

1   Washington, E. F. (2023). 『다정한 조직이 살아남는다(The Necessary Journey)』(이상원 역). 갈매나무 (원저 2022년 출판).

2   단비뉴스(2023.9.4). DEI 제도.
    https://www.danbinews.com/news/articleView.html?idxno=24272

3   임팩트온(2023.5.17). DEI, '다양성 피로감'과 '숨겨진 초능력' 사이.
    https://www.impacton.net/news/articleView.html?idxno=6480
    https://www.prnewswire.com/news-releases/as-diversity-equity--inclusion-hits-9-3-billion-in-global-spending-watch-out-for-these-key-trends-in-2022--301487159.html

4 박영주. (2022). [ESG 새 화두 '다양성'] 「'다양성 보고서'에 공들이는 글로벌 기업」. 《한경ESG》, 10, 30−33.

5 HRDIVE(2020.10.16). Starbucks to link executive compensation to DEI goals

https://www.hrdive.com/news/starbucks−to−link−executive−compensation−to−dei−goals/587158/

6 파이낸셜신문(2022.10.6). 신한금융, ICGN 서울 컨퍼런스 참석… DEI 활동 모범사례 발표.

https://www.efnews.co.kr/news/articleView.html?idxno=98910

7 IGM세계경영연구원(2023.4.24). 국내기업 DEI, 어디쯤 와 있을까?

https://brunch.co.kr/@igmigm/104

8 박혜영, 김민영, 박윤희(2021). 「상호작용 모델을 활용한 기업체 관리자 대상의 한국형 다양성 & 포용성(D&I) 프로그램 개발」. 《Andragogy Today》, 24(3), 29−63.

9 뉴시스(2023.10.13). 오비맥주, '2023 다양성, 형평성, 포용성(DEI)의 달' 개최.

https://www.newsis.com/view/?id=NISX20231013_0002481247&cID=13001&pID=13000

10 시사인(2023.5.26). LG에너지솔루션, 지속가능경영을 위한 *DEI 정책.

https://www.sisain.co.kr/news/articleView.html?idxno=50386

11 CNET(2015.6.9). Apple's Tim Cook says the 'best products' are

born from diversity

https://www.cnet.com/tech/tech-industry/apple-tim-cook-says-best-products-are-born-from-diversity/

12 정재승(2018). 『열두 발자국』. 어크로스.

13 Thomas Jr, R. R. (2006). 『다양성을 추구하는 조직이 강하다 (Building a House for Diversity)』(채계병 역). 이지북 (원저 2005년 출판).

14 Thomas Jr, R. R. (2006). 『다양성을 추구하는 조직이 강하다 (Building a House for Diversity)』(채계병 역). 이지북 (원저 2005년 출판).

15 McKinsey(2020.5.19). "Diversity wins: How inclusion matters".

https://www.mckinsey.com/featured-insights/diversity-and-inclusion/diversity-wins-how-inclusion-matters

16 BCG(2018.1.23). "How Diverse Leadership Teams Boost Innovation".

https://www.bcg.com/publications/2018/how-diverse-leadership-teams-boost-innovation

17 Sherbin, L., & Rashid, R. (2017). "Diversity doesn't stick without inclusion". *Harvard Business Review*, 1, 1-5.

18 Inc(2019.3.25). New Study Finds 40 Percent of Employees Feel Isolated. Here's How to Make Your Workplace More Inclusive—and Productive.

https://www.inc.com/adam-robinson/new-study-finds-40-percent-of-employees-feel-isolated-heres-how-to-makeyour—workplace—more—inclusive—and—productive.html

19 International Labour Office. (2019). "Women in business and management: The business case for change". International Labour Organisation (ILO).

20 Harvard Business Review(2019.12.16). "The Value of Belonging at Work".

https://hbr.org/2019/12/the—value—of—belonging—at—work

21 Shore, L. M., Randel, A. E., Chung, B. G., Dean, M. A., Holcombe Ehrhart, K., & Singh, G. (2011). "Inclusion and diversity in work groups: A review and model for future research". *Journal of Management*, 37(4), 1262—1289.

22 Washington, E. F. (2023). 『다정한 조직이 살아남는다(The Necessary Journey)』(이상원 역). 갈매나무 (원저 2022년 출판).

23 University of Cambridge(2023). Diversity, Equity and Inclusion: DEI Strategies for Business Impact.

24 ubob(2023.9.15). 요즘 리더의 필수 덕목, 포용적 리더십.

https://www.ubob.com/insight/detail_view/2183

25 https://www.samsung.com/sec/sustainability/diversity—and—inclusion/

26 https://twitter.com/DalaiLama/status/1005019375957471232

27 시사저널(2004.8.3). 성차별의 '벽' 높은 월스트리트.

https://www.sisajournal.com/news/articleView.html?idxno=8840

2&replyAll=&reply_sc_order_by=C

28 한겨레(2023.10.16). "육아휴직 썼다고 승진 탈락은 성차별"…사업주에 첫 시정명령.

https://www.hani.co.kr/arti/society/labor/1112265.html

29 Washington, E. F. (2023). 『다정한 조직이 살아남는다(The Necessary Journey)』(이상원 역). 갈매나무 (원저 2022년 출판).

30 뉴스핌(2023.4.20). 대기업 68% 장애인 고용 외면…벌금 택하는 기업들.

https://www.newspim.com/news/view/20230419000908

31 통계청(2022.11). 「2021년 다문화 인구동태 통계」.

32 KBS뉴스(2023.6.3). 외국인 노동자가 내국인 일자리를 빼앗고 있나.

https://news.kbs.co.kr/news/pc/view/view.do?ncd=7691013

33 여성가족부(2019). 「2018년 전국다문화가족실태조사 연구」.

34 이주민센터 친구(2023.1.26). "이게 괴롭힘 맞나요?"…'나부터 의심하는' 외국인.

http://www.chingune.or.kr/bbs/board.php?bo_table=B34&wr_id=112

35 Washington Autism Alliance (2018.11.19). The Benefits Of Employing People With Autism — Microsoft program in Redmond.

https://washingtonautismalliance.org/employing−autistic−

people-microsoft/

36 Hart Research Associates (2016). Recent trends in general education design, learning outcomes, and teaching approaches: Key findings from a survey among administrators at AAC&U member institutions.

37 고려대학교 다양성위원회(2020). 「다양성 교육사례: 10개 미국 대학을 중심으로」.

38 SBSBiz(2023.5.28). '직장 내 괴롭힘' 신고 하루 평균 19건…실제 처벌 '미미'.

https://biz.sbs.co.kr/article/20000120114

39 University of Cambridge(2023). Diversity, Equity and Inclusion: DEI Strategies for Business Impact.

40 g매거진(2022.11.24). 유니버설 디자인 적용한 구글 오피스.

https://www.jungle.co.kr/magazine/204749

41 Sue, D. W, Spanierman, L. B. (2022). 『미세공격(Microaggressions in Everyday Life)』(김보영 역). 다봄교육 (원저 2020년 출판).

42 김지혜(2019). 『선량한 차별주의자』. 창비.

제2장 DEI의 핵심개념

1 https://www.bbc.com/news/world—us—canada—46067559

2 https://www.medicalnewstoday.com/articles/ageism#types

3 옥스포드 사전.

4 http://haenfler.sites.grinnell.edu/wp—content/uploads/2016/12/intersectionaliyt.png

5 ttps://hbr.org/2020/11/getting—serious—about—diversity—enough—already—with—the—business—case

6 Social Talent의 기사 〈9 Companies Around the World That Are Embracing Diversity in a BIG Way〉 참조.
https://www.socialtalent.com/blog/diversity—and—inclusion/9—companies—around—the—world—that—are—embracing—diversity

7 Social Talent의 기사 〈9 Companies Around the World That Are Embracing Diversity in a BIG Way〉 참조.
https://www.socialtalent.com/blog/diversity—and—inclusion/9—companies—around—the—world—that—are—embracing—diversity

8 Social Talent의 기사 〈9 Companies Around the World That Are Embracing Diversity in a BIG Way〉 참조.
https://www.socialtalent.com/blog/diversity—and—inclusion/9—companies—around—the—world—that—are—embracing—diversity

9 Hellios HR의 기사 〈5 Companies With Inspiring Examples of

Diversity Equity and Inclusion〉 참조.

https://www.helioshr.com/blog/5-companies-with-inspirational-examples-of-diversity-equity-and-inclusion

10 Hellios HR의 기사 〈5 Companies With Inspiring Examples of Diversity Equity and Inclusion〉 참조.

https://www.helioshr.com/blog/5-companies-with-inspirational-examples-of-diversity-equity-and-inclusion

11 Hellios HR의 기사 〈5 Companies With Inspiring Examples of Diversity Equity and Inclusion〉 참조.

https://www.helioshr.com/blog/5-companies-with-inspirational-examples-of-diversity-equity-and-inclusion

12 madewithangus.com

13 https://dailyinfographic.com/difference-between-equality-equity-inequality-and-justice

14 https://www.togetherplatform.com/blog/diversity-and-inclusion-performance-goals-examples

15 https://www.usatoday.com/in-depth/news/2020/06/18/12-charts-racial-disparities-persist-across-wealth-health-and-beyond/3201129001/

16 https://www.usatoday.com/in-depth/news/2020/06/18/12-charts-racial-disparities-persist-across-wealth-health-and-beyond/3201129001/

17 https://www.joongang.co.kr/article/25079231

18 https://www.newspim.com/news/view/20230419000908

19 https://www.bu.edu/articles/2014/bu-research-riddle-reveals-the-depth-of-gender-bias/

20 Lauren Cohen, Andrea Frazzini and Christopher Malloy, "The Small World of Investing: Board Connections and Mutual Fund Returns", *Journal of Political Economy*, vol. 116, no. 5, 2008.

부록 | 블룸버그 성평등 지수

1 https://assets.bbhub.io/professional/sites/10/Bloomberg-Gender-Equality-Index-GEI-KPI-Notice-August-4-2023.pdf

DEI 시작하기: 기업과 개인을 위한 안내서

초판 1쇄발행 2024년 5월 20일

지은이 정진호, 조이스박, 주수원, 최효석
펴낸곳 원앤온리
펴낸이 최효석
편집 및 디자인 푸른나무디자인

출판등록 제 2023-000139호
주소 서울시 송파구 올림픽로 435, 108동 1402호
이메일 choi.hyoseok@gmail.com

ISBN 979-11-986112-0-8 13320

● 책값은 뒤표지에 있습니다.
● 잘못된 책이나 파손된 책은 구입하신 서점에서 교환해드립니다.
● 이 책은 저작권법에 의하여 보호를 받는 저작물이므로 무단 전재와 복제를 금합니다.
● 이 책의 전부 또는 일부 내용을 재사용하려면 사전에 저작권자와 출판사의 동의를 받아야 합니다.
● 이 책의 주제인 DEI에 관련한 교육, 워크숍, 컨설팅이 필요한 조직은 이메일로 문의를 부탁드립니다.